MARCO POLO

IRAN

MARCO POLO AUTOR

Walter M. Weiss

Oft war er erstaunt, wie anders Iraner manchmal ticken – bei den Geißelungsprozessionen im schiitischen Trauermonat z. B. oder wenn bei einem Taxifahrer die Adrenalinsicherungen durchbrannten. Aber kurz darauf waren sie wieder die Herz- und Gastlichkeit in Person, und alles war mehr als gut. Mehrere Bücher hat der Autor, Fotograf und Reiseleiter über den Iran schon geschrieben *(www.wmweiss.com)*.

GRATIS

DIE TOUREN-APP

zu den Erlebnistouren zeigt, wo's langgeht: inklusive Tourenverlauf und Offline-Karte

EVENTS & NEWS

Schnell die wichtigsten Infos auf dem Smartphone: Events, News, neue Insider-Tipps und ggf. aktualisierte Erlebnistouren als PDF zum Downloaden

HOLEN SIE MEHR AUS IHREM MARCO POLO RAUS!

SO EINFACH GEHT'S!

1 go.marcopolo.de/ira

2 downloaden und entdecken

GO!

OFFLINE!

SYMBOLE

- INSIDER TIPP Insider-Tipp
- ★ Highlight
- ●●●● Best of ...
- Schöne Aussicht
- Grün & fair: für ökologische oder faire Aspekte
- (*) kostenpflichtige Telefonnummer

PREISKATEGORIEN HOTELS

€€€	über 80 Euro
€€	30–80 Euro
€	bis 30 Euro

Die Preise gelten pro Nacht für ein Doppelzimmer ohne Frühstück

PREISKATEGORIEN RESTAURANTS

€€€	über 6 Euro
€€	3–6 Euro
€	bis 3 Euro

Die Preise gelten für ein Hauptgericht ohne Getränke

 Titelthemen: Märchenstadt Isfahan S. 49 | Spektakuläre Bahnfahrt S. 81

GUT ZU WISSEN

Geschichtstabelle → S. 14
Lesehunger & Augenfutter → S. 22
Spezialitäten → S. 28
Hol's der Geier → S. 69
Feiertage → S. 119
Was kostet wie viel? → S. 123
Währungsrechner → S. 125
Wetter→ S. 126

KARTEN IM BAND
(134 A1) Seitenzahlen und Koordinaten verweisen auf den Reiseatlas
S. 146/147 Karte von Shiraz
(0) Ort/Adresse liegt außerhalb des Kartenausschnitts
Es sind auch die Objekte mit Koordinaten versehen, die nicht im Reiseatlas stehen

(*A–B 2–3*) verweist auf die herausnehmbare Faltkarte
(*a–b 2–3*) verweist auf die Zusatzkarten Isfahan und Teheran auf der Faltkarte

UMSCHLAG VORN:
Die wichtigsten Highlights

UMSCHLAG HINTEN:
Karte von Isfahan

Die besten MARCO POLO Insider-Tipps

Von allen Insider-Tipps finden Sie hier die 15 besten

INSIDER TIPP **Panoramablick über die Grenze**

Die Fahrt hinauf zum *Mausoleum von Khaled Nabi* ist lang und etwas kompliziert, aber sie lohnt sich. Oben warten die unvergessliche Aussicht auf das Hügelmeer der Turkmenensteppe und ein Friedhof der frivolen Art → S. 34

INSIDER TIPP **Uriranische Religion**

Wenn Sie die Bestattungstürme bestiegen und den modernen Feuertempel besucht haben, können Sie im *Markar-Museum* in Yazd noch tiefer in Alltag und Kultur der Zoroastrier eintauchen → S. 70

INSIDER TIPP **Historische Ölgewinnung**

Früher trieb in dem düsteren Gewölbe ein Kamel im Kreis trottend einen Mahlstein an. Seit einiger Zeit ist die königliche Ölpresse *Assarkhaneh Shahi* in Isfahan restauriert und in ein Museum verwandelt → S. 52

INSIDER TIPP **Vorsintflutlicher Brunnen**

Der Besuch beim Wasser schöpfenden Buckelrind in *Varzaneh* nimmt Sie mit auf eine Zeitreise in die Urgeschichte der Landwirtschaft → S. 59

INSIDER TIPP **Aufs Dach des Basars**

Diese schmale Treppe aus der Kaufhalle *Hossein-e Bakhshi* hinauf zu den Lehmkuppeln über den Marktgassen im Herzen Kashans kennen wirklich nur die Händler vor Ort → S. 60

INSIDER TIPP **Sound & Light in Persepolis**

Das atmosphärische Sahnehäubchen nach der Besichtigung von Irans berühmtester Ruinenstätte: eine *bombastische Leinwandshow* als virtuelle Reise in die Epoche der Alten Perser → S. 99

INSIDER TIPP **In die Küstenwälder**

Die *Hara-Mangroven* im Norden von Qeshm sind streng geschützt. Vom Boot aus können Sie viele seltene Wasservögel entdecken → S. 93

INSIDER TIPP Unterirdische Stadt
Wetten, auch Sie werden es nicht glauben können? Wie die Menschen hier am Wüstenrand in *Nushabad* vor 1500 Jahren eine so gigantische Stadt in den Boden buddeln konnten → S. 63

INSIDER TIPP Traditionelle Klänge
Zwei junge Isfahaner zeigen in ihrem Museum 300 Instrumente und geben, am Schluss der Führung, ein charmantes Konzert → S. 55

INSIDER TIPP Radelnd durch Isfahan
Eine im Iran sehr seltene Gelegenheit, mal ohne Auto mobil zu sein: Rollen Sie auf dem Leihfahrrad am grünen Ufer des Flusses Zayandeh entlang → S. 57

INSIDER TIPP Entlegenes Bergdorf
Die Fahrt im Jeep vom Hochtal von Kuhrang über einen 3000-Meter-Pass nach *Sar-e Agha Seyed*, Dorf der Bakthiari-Nomaden, ist echtes Abenteuer (Foto u.) → S. 58

INSIDER TIPP Durchs wilde Kurdistan
Wild ist hier nur die Landschaft. Die Serpentinenstraße durch das *Uraman-Tal* und seine malerischen Terrassendörfer verdrehen garantiert auch Ihnen den Kopf → S. 81

INSIDER TIPP Exotisches Markttreiben
Arabien meets Indien meets Iran: wilder Warenmix und Händlerfrauen mit herrlich bunten Gewändern und Masken auf dem *Wochenmarkt* von Minab (Foto li.) → S. 93

INSIDER TIPP Im Zug durchs Gebirge
Für Eisenbahnfans ist die *Fahrt von Dorud nach Andimeshk* ein Muss. Die Strecke gilt als ingenieurtechnische Meisterleistung und die Gebirgskulisse des Zagros raubt einem schier den Atem → S. 81

INSIDER TIPP Zu den Delphinen
Keine halbe Stunde Fahrt erleben Sie vor der Küste des Inselchens Hengam, wie die klugen Meeressäuger verspielt um Ihr Ausflugsboot herum tauchen → S. 94

BEST OF ...

TOLLE ORTE ZUM NULLTARIF

Neues entdecken und den Geldbeutel schonen

SPAREN

Zeitgenössische Kunst
Im *Haus der Künstler* trifft sich das kreative Teheran. Mit hippen Lokalen, einem Arthouse-Kino, vor allem aber mehreren frei zugänglichen Galerien zeigt sich die Hauptstadt von ihrer weltoffenen, fantasievollsten Seite → S. 46

Szenetreff am Fluss
Wollen Isfahaner entspannen, gehen sie an den Zayandeh um zu flanieren. DIE Treffpunkte dort sind die historischen Brücken. Unter den Bögen der *Pol-e Khadju* kommen Sie mit etwas Glück gerade rechtzeitig zu einem Gratiskonzert: Denn Hobbymusiker singen und spielen dort gerne um die Wette → S. 55

Zu Besuch beim Bruder des Achten Imam
In Shiraz liegt der „König des Lichts", *Shah Cheragh*, begraben. Auch wenn für Sie als Nicht-Muslim der Schreinraum verschlossen bleibt: Die prächtigen Portale und Kuppeln und vor allem die friedvolle Atmosphäre in den großen Höfen sind beeindruckend. Eintritt frei! → S. 96

Überbleibsel einer archaischen Arbeitswelt
Schon immer wird in der Provinz Yazd kommerziell der Strauch angebaut, aus dessen Blättern man die beliebte Farbe für Haut und Haare gewinnt. Ein paar wenige, uralte *Hennamühlen* haben bis heute überlebt – fotogen verstaubt und gratis zu besichtigen (Foto) → S. 72

Gebirgsdorf wie aus dem Bilderbuch
Malerisch schmiegt sich das von Kurden bewohnte Dorf *Masuleh* an den Berg. Andere Vorzeigedörfer verlangen Eintritt, hier kann man völlig ungehindert kostenfrei über die Flachdächer der Lehmhäuser spazieren → S. 41

Nase zu und Augen auf!
Viele Sehenswürdigkeiten hat Ahvaz nicht zu bieten. Der *Fischmarkt* aber ist ein Hit – kostenfrei und, sehr ungewöhnlich, bis spätabends geöffnet. Erstaunlich, wie viele verschiedene Kreaturen im Golf so vorkommen → S. 88

Diese Punkte zeichnen in den folgenden Kapiteln die Best-of-Hinweise aus

TYPISCH IRAN
Das erleben Sie nur hier

Krafttraining im Zurkhaneh
Hölzerne Keulen schwingen, Schilde stemmen und mit Eisenketten rasseln: Irans Nationalsport ist ein unterhaltsames Spektakel. Bis heute gibt es in jeder Stadt „Häuser der Kraft", wo Männer in bestickten Lederhosen vor Zuschauern nach alter Tradition Geist und Körper trainieren (Foto) → S. 57

Einen Grabungshügel besuchen
Archäologische Fundstätten gibt es im Iran wie Heu. *Tepe Sialkh* in Kashan jedoch ist eine ganz besondere. Wer den Hügel besteigt, bewegt sich auf den Spuren von 6000 Jahren Siedlungsgeschichte. Und der Rundblick vom Gipfel ist auch nicht ohne → S. 61

Ayatollahs treffen
Im ehemaligen *Wohnhaus des Republikgründers Khomeini* im Qom geben heute Geistliche religiöse Auskünfte. Die Gelehrten unterhalten sich gerne auch mit westlichen Besuchern, die eben mal so vorbeischauen. Wenn sie einen Dolmetscher dabeihaben → S. 67

Bestattungstürme besteigen
Am Stadtrand von Yazd stehen auf hohem Felshügel zwei ummauerte Plattformen, auf denen Zoroastrier früher ihre Toten den Geiern überließen. Die Besichtigung dieser *„Türme des Schweigens"* ist eine sehr ergreifende, wenn auch makabre Erfahrung → S. 70

Safranernte
Im mittleren Herbst in Irans Nordosten unterwegs, können Sie wie in *Torbat-e Jam* Abertausende Bauern auf ihren Feldern beim Pflücken einer speziellen Krokusart beobachten. Und in den Basaren der Region dabei, wie sie die Blütenfäden, das „Rote Gold", an Zwischenhändler verkaufen → S. 37

Poesie und Musik live
„Persische Nacht" haben der Setar-Spieler und der Geschichtenerzähler ihre Veranstaltung in dem Altstadthaus in Yazd getauft. Sehr treffend. Authentischer als hier, beim Tee auf Teppiche und Kissenpolster hingestreckt, kann man traditionelle Klänge und Sufi-Weisheiten kaum kennenlernen → S. 72

BEST OF ...

SCHÖN, AUCH WENN ES REGNET

Aktivitäten, die Laune machen

REGEN

Hop-on-hop-off

Jetzt auch in Teheran: ein Touristenbus, der in Endlosschleife alle Highlights der Stadt anfährt. Eine bequeme Sightseeing-Methode, auch wenn der Himmel mal nässt. Zwischendurch steigt man für Museumsbesuche aus → S. 42

Aufwärmen im Ex-Hamam

Wie schon vor 200 Jahren können Sie in Kerman auch heute noch bei unfreundlichem Wetter ins Badehaus flüchten. Nur dass im Fall des *Hamam-e Vakil* inzwischen ein wunderschönes und gemütliches Teehaus draus wurde → S. 64

Unter die Erde

Wird es von oben nass, tauchen Sie doch einfach mal unter die Erde ab. Die wohl schönste Höhle des Landes heißt *Ali Sadr*, wartet in der Nähe von Hamadan und entführt Sie in eine surreale Welt aus Felsdomen, Tropfsteinen und Seen → S. 78

Schlüsselmoment am Beginn der Moderne

In Tabriz beleuchtet das *Haus der Verfassung*, auch ausführlich auf Englisch, die Hintergründe der Konstitutionellen Revolution von 1905. Der Kampf um Macht und Meinungsfreiheit – hochspannend für alle, die sich für jüngere Geschichte interessieren → S. 83

Basarbummel

Der *Bazar-e Vakil* in Shiraz ist eine der stimmungsvollsten Flaniermeilen im Land und ist komplett überdacht. Legen Sie an seinem Ende im *Saray-e Mehr*, einem traditionellen Teehaus, eine Shoppingpause ein → S. 96

Fantastische Kunstwerke

Im *Nationalmuseum*, dem vielseitigsten Museum des Iran, vergeht ein halber Regentag wie im Nu: Hier defilieren Sie an der gesamten antiken und islamischen Landesgeschichte vorbei (Foto) → S. 44

ENTSPANNT ZURÜCKLEHNEN

Durchatmen, genießen und verwöhnen lassen

ENTSPANNT

Ein Urlaubstag mitten in Teheran

Sie sitzen im Café *Melal* beim Cappuccino im Korbstuhl unterm Segeldach und genießen, leicht erschöpft vom Spaziergang durch die beiden Parkanlagen nebenan, den Blick auf ein geniales Stück Gegenwartsarchitektur – die Fußgängerbrücke Pol-e Tabiat → S. 44

Spaziergang im Grünen

Am Ende einer langen Besichtigungstour durch Kashan oder als Zwischenstopp auf der Überlandfahrt: Beim Schlendern durch die schattigen Zypressenalleen entlang rieselnder Wasserläufe des königlichen *Fin-Gartens* kann man herrlich durchatmen → S. 61

Nudelsuppe im Luxushotel

Wenn Sie schon kein Zimmer im *Abbasi* haben, Isfahans legendäre Nobelherberge (Foto), besuchen Sie zumindest ihr Teehaus. Im grünen Innenhof mit Blick auf die prächtige Türkiskuppel der Koranschule nebenan sitzen und eine Ash-Suppe löffeln, ist ein doppelt-sinnlicher Genuss → S. 55

Shiraz in Cinemascope

Das öffentliche Nachtleben ist selbst in Großstädten ziemlich dürftig. Trösten Sie sich in Shiraz mit dem *Panoramacafé des Grand Hotel:* Dort sitzen Sie bis spätabends unter freiem Himmel, zu ihren Füßen hingebreitet die glitzernde Stadt → S. 96

Kaffee und Kuchen im Park des Schahs

Sie haben die Residenzen des letzten Pahlevi-Schahs im Teheraner Bezirk Niavaran besichtigt? Im Café *Karzin* können Sie sich im Schatten alter Platanen mit Blick auf die Paläste stärken → S. 44

Beim Essen chillen

Die iranische Tischkultur ist eigen. Auf mit Teppichen ausgelegten Holzbetten lehnt man an Polstern oder sitzt mit gekreuzten Beinen. Unter den vielen Traditionsrestaurants ist das *Abbasi* in Kashan eins mit besonders entspannender Atmosphäre → S. 61

AUFTAKT

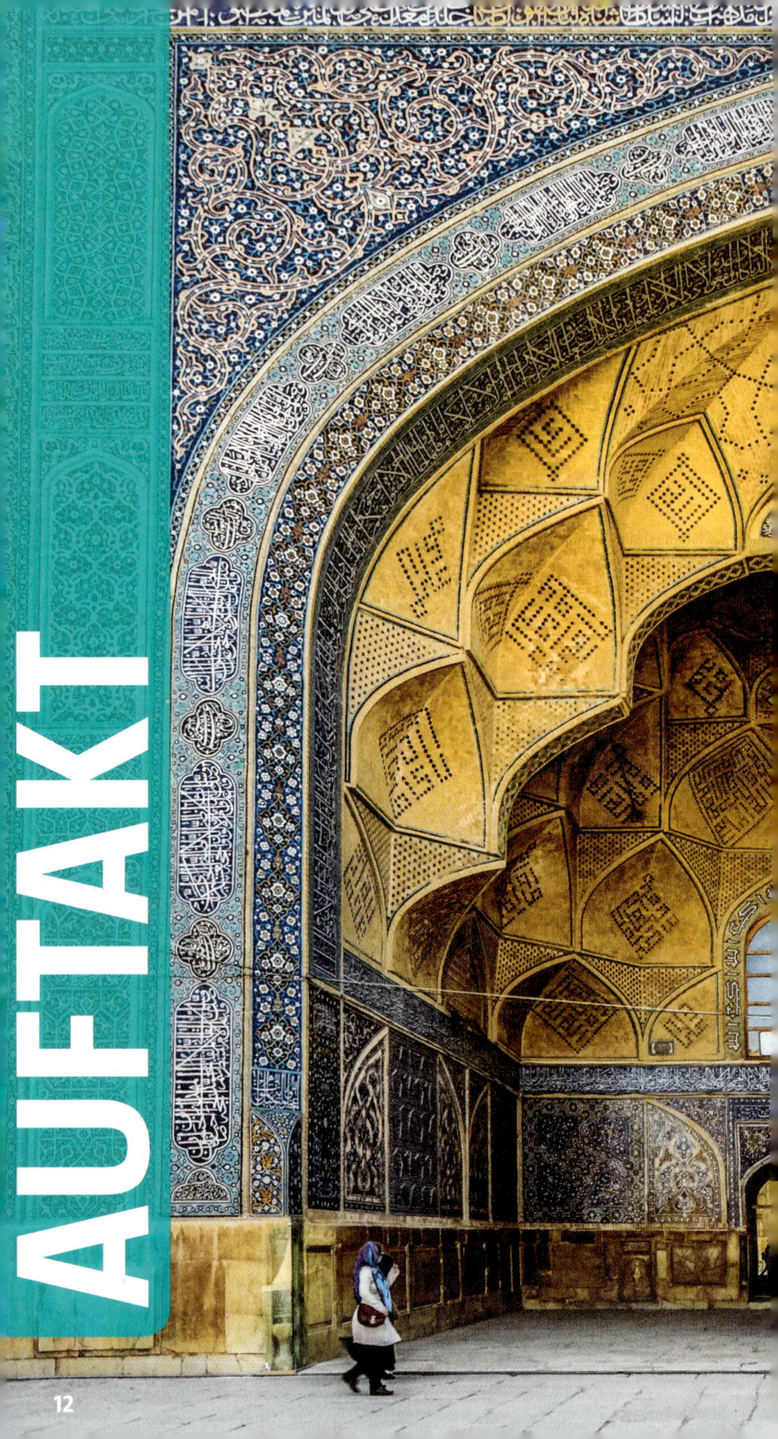

ENTDECKEN SIE DEN IRAN!

Stellen Sie sich vor: ein Feiertag im Frühling in einer iranischen Stadt, Teheran zum Beispiel, Isfahan oder Shiraz. Sie sind eben aus Europa angekommen, orientieren sich auf einem ersten Spaziergang in der neuen Umgebung. Ein Park. Auf dem Rasen sitzen Menschen dicht an dicht. Picknickdecken. Darauf vielköpfige Familien, drei, vier Generationen. ***Männer zapfen aus tragbaren Samowaren Tee***, zupfen auf ihren Wasserpfeifen die glühende Tabakkohle zurecht. Der Wind trägt den Duft aus den vielen Schüsseln herüber. Ein Lächeln, eine Geste. „Welcome! Please, join us." Essen Sie doch mit! Ein paar Meter weiter die nächste Einladung, die nächste, die nächste … Willkommen! Wenn es ein Wort gibt, das die Erfahrung einer Reise durch dieses wundersame Land zusammenfasst, dann ist das die Quintessenz, die für immer in Erinnerung bleibt. ***„Khosh amadid!" „Welcome to Iran!"*** X-beliebige Passanten auf der Straße rufen es, Kinder, Alte und Händler in den Basaren, während sie Ihnen zum Probieren eine Dattel, Nuss oder Halva entgegenstrecken. Die meisten fragen nach dem Woher und Wohin und ob man sich auch wohlfühlt in ihrem Land. Selfies gehören selbstverständlich dazu, Arme um die Schultern gelegt. Seien Sie gefasst auf die Bitte: „Sag deinen Freunden daheim, jeder ist bei uns gern gesehen. Wir

Bild: Die Freitagsmoschee von Isfahan

Shiraz ist bekannt für seine Gärten: Gartenpalais im Bagh-e Narenjestan

sind keine Terroristen." Die Iraner wissen um ihr schlechtes Image. Ihre Herzlichkeit ist überwältigend, fast beschämend, straft sie doch Klischees von kollektiver Feindseligkeit Lügen.

Die Herzlichkeit ist überwältigend

Was für ausschließlich düstere Bilder sind bis vor wenigen Jahren noch über unsere Mattscheiben geflimmert! Heerscharen von Frauen in pechschwarzen Tschadors, grimmige Ayatollahs und deren Fußvolk – Fanatiker, die fäustereckend Parolen plärren und freiheitsliebende Studenten niederknüppeln; dazu die Stellvertreterkriege in Syrien und Irak, die Streitereien ums Erdöl und der lähmende Nuklearkonflikt. Immerhin: Zwischendurch kam die Sprache auch auf ***Teppiche und Pistazien, Rosen und Poeten***. Doch unterm Strich war und ist der Blick aus dem Westen seit Khomeinis Revolutionscoup

Wortfeld Terrorismus/Politik/Atomabkommen

Ab 3000 v. Chr. Entstehung des Staates Elam und erster Städte

9. Jh. v. Chr. Einwanderung der Meder

559–529 v. Chr. Regent Kyros II. begründet das altpersische Weltreich

um 330 v. Chr. Alexander der Große erobert das Perserreich

224–651 n. Chr. Neupersisches Reich der Sassaniden

636–640 Sieg der Araber; der Iran wird islamisch

680 Schlacht von Kerbela, Mord am Enkel des Propheten

von 1979 arg verkürzt und sehr lückenhaft. Wobei es nichts zu beschönigen gilt: Ja, die Islamische Republik ist eine Theokratie, diktatorisch geführt, und die Menschenrechtslage ist schlimm. Und ja, es herrschen **Willkür, Zensur, Doppelmoral** und unter den Oligarchen aus Klerus und Militär, die alle Einkommensquellen des Staates kontrollieren, hemmungslose Korruption. Sie als Tourist werden von all dem nichts mitbekommen.

Der Iran ist in politischer Hinsicht, entgegen seinem Ruf, ein absolut sicheres Reiseland. Und auch für Einheimische sind die **Freiräume im Alltag** größer, als man vermuten würde. Offen sozialkritische Filme zum Beispiel wie etwa die des Oscar-Preisträgers Asghar Farhadi avancieren zu Blockbustern. Aber bei Sexszenen, Islam- und unverhüllter Systemkritik auf der Leinwand verstehen die Mullahs überhaupt keinen Spaß.

Das Kopftuch, für viele emanzipierte Frauen verhasstes Symbol ihrer Unfreiheit, ist zum Modeaccessoire mutiert, dessen Farben, oft passend zum Lippenstift, nicht bunt genug sein können. In den Großstädten sind selbst zum Hauptgebet am Freitag viele Moscheen halb leer, die vielen **todschicken Shoppingmalls** proppevoll. In manchen Nobelbezirken Nord-Teherans mussten die Muezzine, heißt es, ihre Lautsprecher an den Minaretten nach Anrainerbeschwerden leiser drehen. Und auf den Avenuen flirten Mädchen und Jungs abends ganz offen, tauschen durch die offenen Autofenster Handynummern aus. Und bei den anschließenden Partys geht, aber wie!, die Post ab. One-Night-Stands stehen auf der Tagesordnung. Angst vor den immer noch existierenden Kommandos der Tugendwächter? Vor Peitschenhieben? Irrtum. Das Leben ist kurz und mit Geld lässt sich (fast) alles regeln.

Fakt ist: Die geballte **Widersprüchlichkeit im Alltag** hat Ventilfunktion. Denn was oft übersehen wird: Zehn, maximal 15 Prozent der Bevölkerung folgen der Regierung

Mohammed. Schisma in Sunniten und Schiiten ist besiegelt

11. Jh./12. Jh.
Die seldschukischen Herrscher fördern die persische Sprache und Kultur

1501–1722
Dynastie der Safawiden; 12er-Schia als Staatsreligion

1794–1925
Qadscharen-Dynastie, großer Einfluss Russlands und Großbritanniens

1905/06
Konstitutionelle Revolution, Bildung eines Parlaments

1908
Erste Erdölfunde

bedingungslos. Die große Mehrheit der ca. 80 Mio. Iranerinnen und Iraner ist pragmatisch, tolerant. Die Mittel- und Oberschicht huldigt mit Inbrunst dem American Way of Life. Es wird auf Teufel komm raus konsumiert. Die meisten aber, scheint es, haben sich bis auf Weiteres mit der ***schizophrenen Lage*** arrangiert und sich in Zonen der Privatheit zurückgezogen. Und in denen lebt es sich im heutigen Iran ganz komfortabel. Umso mehr, seit Hassan Rouhani den notorischen Unruhestifter Mahmud Ahmedinejad als Staatspräsident abgelöst und mit dem Westen den Atomdeal geschlossen hat und seit er dem Land zumindest nach außen hin wieder ein freundlicheres Gesicht verleiht.

Allein bei der Vielfalt an Landschaften ist der Iran, in den die Fläche Deutschlands etwa viereinhalb mal passen würde, ein Kontinent für sich. Der Horizont für Entdecker reicht von Kish, Qeshm und Hormuz, den felsigen Ferieninseln am Golf, bis zu den Sandstränden und subtropischen Wäldern, den Reisfeldern und ***Teeplantagen am Kaspischen Meer***; von den Vier-, ja Fünftausender-Gipfeln des Elburs- und des Zagros-Gebirges bis zu den salzig-flachen Ufern des Urmia-Sees im Vierländereck mit der Türkei, Armenien und Aserbaidschan; und von der Tigris-Tiefebene im äußersten Südwesten über die ***zentralen Wüsten*** Dasht-e Lut und Kavir, die mehr als die Hälfte des Hochlandes bedecken, bis zu den Steppen im Osten an den Grenzen zu Pakistan und Afghanistan. Wandern, tauchen, radeln – die Möglichkeiten sind immens. Und die nötige Infrastruktur wie Eco-Lodges in den Dörfern, Spezialveranstalter oder Geräteverleiher entwickelt sich seit ein paar Jahren rapide.

Landschaftlich ein Kontinent für sich

Ein eigener Kosmos ist das Land auch in geistiger Hinsicht. Seit über 5000 Jahren eine Hochkultur! Archäologie und Architektur sind zwei seiner höchsten touristischen Trümpfe. Der Iran besitzt an die zwei Dutzend Unesco-Weltkulturerbestätten, darunter Ikonen wie die ***Ruinen von Persepolis***, der Residenzstadt der Alten Perser, deren Nekropole Naqsh-e Rostam und in Pasargadae das Grab von Kyros, der ihr erstes Weltreich begründet hat. Und auch etliche klassische Gartenanlagen gehören dazu – wussten Sie, dass unser Begriff „Paradies" aus dem Altpersischen kommt?
Natürlich werden Sie auch in den Städten nur so staunen: vor den Fassaden und unter den Kuppeln der vielen mit grandiosen Fliesenteppichen ausgeschmückten Moscheen, allen voran in Isfahan; in den Palästen der Schahs in Teheran und den

klassisches Orientbild inkl. 1001 Nacht

1925 Reza Pahlevi wird Schah, radikale Modernisierung

1953 Mossadegh-Krise und die Ölverstaatlichung

1979 Revolution, Sturz des Schahs, Ayatollah Khomeini (Tod 1989) ruft die Islamische Republik aus

1980–88 Iran-Irak-Krieg

1997–2005 Liberale Ära unter Khatami

Juli 2015 Einigung im Atomstreit

2017 Wiederwahl von Präsident Hassan Rouhani

Das Dach als Wohnzimmer: Wie hier in Yazd sind Dachterrassen beliebte Orte zum Plaudern

kaum weniger pompösen der steinreichen Händlerclans, etwa in Tabriz und Kashan, oder in dem unvergleichlichen Labyrinth aus Lehmmauern und Windturmwäldern von Yazd. Nicht zu vergessen all die Basare, diese bunten, duftenden Schatzkammern mehr als 1000-jährigen Kunsthandwerks.

Grandiose Moscheen, pompöse Paläste

Überall aber begegnet man dem kostbarsten aller Schätze des Iran, seinen Menschen: Herzbewegend, wenn man sie in ihrer so melancholisch-melodiösen Sprache, dem Farsi, singen oder Verse ihrer großen Dichter Hafis oder Rumi rezitieren hört. Ähnlich ergreifend ist die Begegnung mit ihrer uralten Spiritualität – in den Feuertempeln und Bestattungstürmen der ***Zoroastrier***, den Synagogen oder den so glanz- wie geistvollen schiitischen Heiligtümern von Mashhad und Qom.

Über die Jahrtausende wurde dieses Land immer wieder erobert, seine Zivilisation von außen überlagert – sei es durch das Griechische in der Zeit Alexanders des Großen oder den arabisch geprägten Islam, sei es durch diverse Turkvölker, die Mongolen und im 19. und 20. Jh. durch Großbritannien, Russland und die USA. Jedes Mal gelang es ihm, die ***fremden Einflüsse*** auf Glaube, Kunst und Kultur in spezifisch iranische Varianten umzuformen. Auf diese Kraft, die sich aus tiefsten Wurzeln speist, sind die Iraner zu Recht stolz. Sie steckt hinter ihrem Gleichmut, hinter dem ausgeprägten Selbst- und Nationalbewusstsein und ganz sicher hinter jener angst- und vorurteilslosen Art, mit der sie jeden Fremden als Gast willkommen heißen.

IM TREND

1 Party im Untergrund

Abtanzen Musik zu machen oder zu hören – von Khomeini nach der Revolution generell verboten. Inzwischen ist das Regime weniger radikal. Doch Irans Pop-, Rock- und Technoszene leidet: öffentliche Konzerte sind tabu, Repressalien Normalzustand. Viele junge Musiker entscheiden sich fürs Exil, andere betreiben Studios im Teheraner Untergrund. Der jüngste Trend: Konzerte und Rave-Partys in den Tiefen der Wüste oder in versteckten Kellern. Dank Social Media wissen Insider, wo wann die Post abgeht und wer spielt. Die Sittenpolizei schaut durch die Finger oder auch mit Absicht weg. Zwei tolle Dokufilme geben Einblicke: „Raving Iran" (2016) und „Perserkatzen kennt doch keiner" (2009).

2 Instant-Kochkurs

Food Sich Irans Köstlichkeiten servieren und auf der Zunge zergehen lassen: ein Genuss! Noch mehr Spaß bringt, sie selbst zubereiten zu lernen. In Teheran haben Eilige bei halbtägigen *Persian Food Tours* dazu Gelegenheit. Von kundigen Köchen geführt, bummelt man zunächst im Nordbezirk Tajrish über den Basar, um frische Zutaten, Gewürze und *Torshi*, Mixed Pickles, zu kaufen. Dann geht's an den Herd, gemeinsam ein 5-Gänge-Menü fabrizieren und genießen *(www.persianfoodtours.com)*.

3 Himmlisches Staunen

Sterne schauen Unter Hobbyastronomen rund um den Globus spricht sich herum: Irans Wüsten sind dank der Höhenlage und glasklaren Luft ideal für nächtliche Himmelsbeobachtungen. Isfahan ist Heimat der renommierten *Adib Astronomical Society (AAS)*. Sie bietet an ihrem Sitz Führungen auf Englisch sowie, noch spannender, ein- und mehrtägige Exkursionen. Dabei werden die Zelte an lichtfernen Orten aufgeschlagen und gemeinsam die Sterne studiert. Für Ausrüstung und kompetente Erklärungen auf Englisch wird gesorgt. Kontakt: *Majid Orafa | Tel. 0913 10 81 664 | majid.orafa@gmail.com | www.persiaexplorer.com*

4

Sehen & gesehen werden

Kreativtreffpunkte Trendbewusste Teheraner treffen sich am liebsten in Galerien. In der Kunstszene im Norden der Hauptstadt brodelt es zur Zeit gewaltig, laufend öffnen neue Kreativ-Locations. Zu den aufregendsten Adressen gehören die *Homa Art Gallery (8, West 4th Alley, Sanaee Street, Karimkhan Street | www.homaartgallery.com)* und die *Aaran Gallery (12, Dey Street 12 | www.aarangallery.com) (Foto)*. Dass man auch ärgste politische Stürme überstehen kann, beweist die *Seyhoun Art Gallery (11, 4th Street, nahe Vozara Avenue | www.seyhounartgallery.com)*. 1966 als eine der ersten Privatgalerien der Stadt gegründet, gibt sie in der Branche auf Gebieten wie Installationen, Video-, Digital- und Konzeptkunst immer noch den Ton an.

5

Neuer Luxus

Südsee-Feeling Mit dem frischen Wind der touristischen Öffnung im Rücken rüstet Irans Hotellerie massiv auf. Besonders fashionable und auch von betuchten Einheimischen gerne besucht ist z.B. das *Toranj Marine (Tel. 0764 44 50 60 12, 091 25 99 05 12 | toranj-hotel.com) (Foto)* an der Nordküste von Kish. Luxus pur in 100 modernen Stelzenbungalows mit 360°-Meerblick, Sandstrand, Zeltrestaurant mit Wasserpfeifen-Lounge und diversen Wassersportmöglichkeiten. Polynesien lässt grüßen.

FAKTEN, MENSCHEN & NEWS

WO DAS FEUER EWIG BRENNT

Freddie Mercury, legendärer Leadsänger von Queen, war einer; der Dirigent Zubin Metha ist's und auch der indische Industriemagnat Tata. Trotzdem weiß die Welt über die Zoroastrier, die einst heilige Flammen in Feuertempeln hüteten, herzlich wenig. Kein Wunder, denn rund um den Globus leben nur noch etwa 140 000 Anhänger der Uralt-Religion. Und von diesen bloß noch jeder Sechste in ihrem Stammland, dem Iran. Vor 2500 Jahren waren sie die erste Religionsgemeinschaft, die einen einzigen Gott verehrte und der hieß *Ahura Mazda*. Ihre heilige Schrift trägt den Namen *Avesta*. Wirklich spannend zu wissen ist, dass viele Ideen des Abendlands indirekt dem Zoroastrier-Propheten Zarathustra zu verdanken sind. Die Vorstellung von Paradies, Fegefeuer und Hölle zum Beispiel, vom Kampf zwischen Gut und Böse in der Welt oder deren Erschaffung in sieben Tagen. Und auch von einem jungfräulich geborenen Erlöser und einem Tag des jüngsten Gerichts – kommt Ihnen irgendwie bekannt vor? Eben. Der Geist von alldem wurzelt in iranischem Boden. Bleibt die Frage, wie er in den Westen wanderte. Vermutlich dank eines gewissen Propheten Daniel. 539 v. Chr. als Jude von den Persern aus dem babylonischen Exil befreit, war er Berater an deren Königshof. Und was er dort lernte, erraten, fand über sein Buch Daniel Eingang in das Alte Testament und damit in die mittelmeerische Kultur.

Bild: Selbst vor der Grabstätte des Shah Cheragh in Shiraz kommt der Verkehr nicht zur Ruhe

Regeln und Tugenden in Theorie und Praxis: Der Iran ist ein Land der faszinierenden Gegensätze und Widersprüche

Überschrift deutet schon auf Subjektivität hin

GOTT STEH' MIR BEI

Rushhour frühabends in Teheran: Der Freeway hat in jede Richtung vier Fahrspuren. Aber die Rücklichter stauen sich mindestens in Achterreihen. Da wird auf Teufel komm raus geschnitten, aufgefahren, ausgebremst. Und die Motorradfahrer stürzen sich – klar, die meisten als echte Männer ohne Helm – mit Highspeed ins Karosseriegetümmel.

28 000 Tote verzeichnet Irans Unfallstatistik pro Jahr (in Deutschland mit seinen ebenfalls gut 80 Mio. Ew. sind es knapp 3500). Selbst strenge Polizeikontrollen und Strafregister konnten das Kamikazetum bislang kaum eindämmen. Äußerlich wirken Iraner hinterm Lenkrad cool. Doch am Steuer gilt uneingeschränkt das Recht des Stärkeren und *Taarof*, die sonst in allen Lebenslagen gepflegte Höflichkeit, plötzlich als Tugend der Verlierer. Kein Wunder, dass die meisten Taxifahrer das Armaturenbrett mit Märtyrerbildchen beklebt und in Griffnähe am Rückspiegel ihre *Tasbih* baumeln haben, den islamischen Rosenkranz. Und, auch kein

Wunder, das Heck jedes zweiten Trucks oder Busses zieren fromme, flehentlich hingepinselte Beschwörungen wie „Ya Ali" („Oh Ali!"), „Ya Hossein" oder auch nur: „My friend, don't forget God!".

MUSKELN UND TUGEND TRAINIEREN

Sie schwingen Keulen, stemmen Schilde und schütteln Eisenketten, unter deren Gewicht jeder Normalo wohl zusammenbrechen würde. Nein, *Varzesh-e Pahlavani*, der „Sport der Helden", ist definitiv nichts für Schwache. Die Männer, die sich da Abend für Abend treffen, bekleidet mit ledernen, kunstvoll bestickten Kniehosen, um ihren Kanon wunderlicher Übungen zu absolvieren, sind aus ähnlich hartem Holz geschnitzt wie ihr archaisches Trainingsgerät. Die *Pahlavane* dienen als ihre Vorbilder – altpersische Ritter, die diesen Nationalsport lange vor dem Aufkommen des Islam schon praktizierten. *Zurkhaneh* heißen ihre Treffpunkte auf Farsi – Häuser der Kraft. Es gibt sie in jeder größeren Stadt. Früher, vor allem in Zeiten von Fremdherrschaft, waren sie geheime Zentren des Widerstands, in engen Basargassen hinter winzigen Türen versteckt. Frei nach dem Motto „gestählter Muskel, demütiges Herz" ging es auch um die Stärkung von Kampf- und Edelmut. Diese politische Funktion haben sie längst verloren. Doch Brennpunkte kultureller Selbstvergewisserung und eines mit Begeisterung kultivierten Patriotismus sind sie immer noch. Und die Athleten sind auf die Tradition so stolz, dass sie während des Trainings in ihren Arenen Zuschauer, vor allem auch ausländische, herzlichst willkommen heißen.

UNTRÖSTLICH BIS ZUM EXZESS

Wie eng religiöse Ekstase und Schmerz miteinander verbunden sind, kann man heute noch im Iran beim großen Trauerfest zu *Ashura* erleben. Am zehnten Tag des heiligen Monats Muharram greifen Millionen frommer Männer, in Teherans Straßenschluchten wie auf dem Dorfplatz im hintersten Bergnest, zu kleinen, metallenen Kettenbündeln, den *Zandschirs*,

LESEHUNGER & AUGENFUTTER

Nader & Simin – Mehr als 40 Festivalpreise, darunter Oscar und Golden Globe, hat Meisterregisseur Asghar Farhadi für dieses Scheidungsdrama (2011) gewonnen. Völlig zu Recht. Feinfühliger geht nicht. Ein Jahrhundertfilm! Und sein neuester (2016), **The Salesman**, spielt in derselben Qualitätsliga

Iran – Was zum Nachträumen daheim bieten die zwei üppigen Text-Foto-Bände (beide 2017) von Walter M. Weiss, Autor dieses MARCO POLO Bands

Das Haus an der Moschee – Nicht gerade heiter, aber authentisch und aufschlussreich: Kader Abdolahs Familiensaga (2008) fasst das Drama des Landes in bewegende Worte

Persepolis – Basierend auf ihrem gleichnamigen Comic, erzählt die Regisseurin Marjane Satrapi in diesem tollen Zeichentrickfilm (2007) die Story ihrer Kindheit und Jugend während und nach der Islamischen Revolution. Ergreifend und witzig

Heutzutage jugendfrei: Zu Ashura ziehen Trauerprozessionen durch das Land

und geißeln sich damit stundenlang den Rücken. Andere, auch ganz in Schwarz gekleidet, schlagen sich mit der flachen Hand wieder und wieder auf die Brust. Dumpfes Pochen, Geseufze, Getrommel, Klagegesänge ... Der Soundtrack dieser oft kilometerlangen Kolonnen schlägt sich mit Wucht direkt aufs Zwerchfell. Und wofür diese glühende Verzweiflung? Das Schlüsselereignis heißt Kerbela und passierte in der Frühgeschichte der Schiiten. Im Jahr 680 wurde in jener Oase im Südirak ihr Anführer Hussein, der Enkel des Propheten Mohammed, mit einem Grüppchen Getreuer von Soldaten des Kalifen massakriert. Und dafür, ihn im Stich gelassen und den wahren Glauben aus Todesangst verleugnet zu haben, muss man wenigstens einmal im Jahr Sühne leisten. Immerhin: Noch vor zwei Generationen hatten die Ketten Eisenstachel, sodass reichlich Blut floss. Inzwischen sind solche halbnackten Exzesse verboten. Die Gläubigen malträtieren ihren – bekleideten – Rücken nur noch symbolisch.

PROST AUF DIE MULLAHS

Die Sittenwächter waren alles andere als *amused*, als das Sozialministerium in Teheran kürzlich kundtat, die Iraner tränken im Jahr 60 Mio. Liter alkoholische Getränke. In der Islamischen Republik sind Verkauf und Konsum von Bier, Wein & Co. strikt verboten. Ertappten „Tätern" drohen hohe Bußgelder und wer nicht dazulernt: Peitschenhiebe. Die Behörde gab selbst zu, die Strafen würden wenig Wirkung zeigen. Fakt ist, dass auf dem Schwarzmarkt die gesamte Palette problemlos erhältlich ist, wenn auch zu stark überhöhten Preisen. Der Schmuggel übers Meer aus Dubai und über die Gebirgspässe Kurdistans läuft wie geschmiert. Man weiß, was man hat an jenen Grenzschützern in Uniform, die ein Auge zudrücken und dafür die Hand aufhalten. Billiger kommt es, auch das ist kein Problem, von Privatleuten heimlich zu Hause selbst fabrizierten Schnaps und Wein zu kaufen. Den sauren Abgang oder sogar saftigen Brummschädel tags darauf nimmt man dabei wohl oder übel in Kauf.

EIN LAND AM TROPF

Der Iran setzt alles daran, eine Großmacht zu sein. Im Energiegeschäft ist er das längst. Das Land, das wie sein Erzrivale Saudi-Arabien dem Ölstaatenkartell Opec angehört, besitzt die viertgrößten Erdöl- und die größten Erdgasvorkommen der Welt. Asaluyeh an der Golfküste zeigt, was für ein Megarad die Iraner da wirtschaftlich drehen. Von dem ehemaligen Fischerdorf aus, gar nicht weit von ihrem berüchtigten, bisher einzigen Atomkraftwerk in Bushehr, beuten sie gemeinsam mit den Katarern das ergiebigste Gasfeld der Welt aus. 28 Raffinerien und 25 petrochemische Fabriken sind hier zurzeit am Laufen. Und der Komplex wird weiter stark ausgebaut. Dabei haben die Iraner das Glück, dass ihre Energiequellen generell leicht zugänglich und die Förderkosten niedrig sind. Sie verdienen selbst bei gefallenen Marktpreisen Geld. Doch noch kämpft die Branche mit Altlasten: Durch die Sanktionen im Atomstreit war das Land lange von westlicher Hightech abgeschnitten. Irans technisches Equipment ist hoffnungslos veraltet und die Fördermenge dramatisch geschrumpft. Außerdem ist es den Betreibern des Boykotts im neuen „Great Game" um die Exportwege für fossile Energie bislang gelungen, den Iran von internationalen Pipelineprojekten Richtung Europa fernzuhalten.

DER PARADIESISCHE

Er tat für die Sprache der Iraner, was Luther für das Neuhochdeutsche und Dante für das moderne Italienisch taten – Firdausi schrieb vor 1000 Jahren ein Werk, das bis heute jeder im Original versteht. Und was für eines! Er schuf nicht nur das Neupersische als Hochsprache, sondern auch das gewaltigste je von einem einzelnen Menschen verfasste Epos. In beinahe 60 000 Versen, mehr als Homers Ilias und Odyssee zusammen, beschreibt sein „Königsbuch", das *Schahnameh*, die Geschichte Irans in einer Mischung aus Legenden und historischen Fakten. Dabei weckte er bei seinen damals schon muslimischen Landsleuten den Stolz auf die durch Zarathustra geprägte Weltordnung ihrer Ahnen. Ironie am Rand: Als er sein Lebenswerk dem damals mächtigsten Herrscher der islamischen Welt, einem gewissen Mahmud von Ghazna, vorlegte, verweigerte der ihm den zuvor versprochenen Lohn. Altersarmut war die Folge. Die Wiedergutmachung kam spät, aber mit Macht: 1934 ließ Reza Schah, der Vater des letzten Pahlevi-Herrschers, Firdausi zu seinem 1000. Geburtstag in seiner Heimatstadt Tus bei Mashhad ein kolossales Grabmonument bauen. Dort erweisen dem „Paradiesischen", das bedeutet sein Name auf Deutsch, bis heute viele Verehrer die Reverenz.

VERKANNTE FRAUENPOWER

Als Shirin Ebadi nach Erhalt des Friedensnobelpreises 2003 mutig die Gleichberechtigung der Frauen in ihrer Heimat anmahnte, hörte ihr die Welt betroffen zu. Und Irans Patriarchen und Machos ballten wohl heimlich die Fäuste. Grund zu klagen hatte die mutige Anwältin aus Hamadan und haben Frauen bis heute tatsächlich genug. Schließlich behandelt das Zivil- und Strafrecht der Islamischen Republik die beiden Geschlechter nach wie vor sehr unterschiedlich. Frauen gelten beim Erben ebenso wie als Zeugen oder Verbrechensopfer prinzipiell nur halb so viel. Mädchen sind ab neun strafmündig und können schon in der Pubertät verheiratet werden. Ihrem Ehemann (wenn man vorab nichts anderes

Firdausis „Königsbuch" erzählt von der iranischen Frühgeschichte, Heldentaten inklusive

vertraglich vereinbart hat) müssen sie bedingungslos gehorchen. Der kann ihr etwa die Ausreise oder Ausübung ihres Berufes verbieten. Auch das Joggen, Radfahren, Schwimmen ist Frauen nur in strikt abgeschirmten Zonen erlaubt.

Allerdings ist nicht alles düstere Repression. Erstaunliche Errungenschaften werden oft übersehen. So zählen Irans Frauen zu jenen mit der höchsten Bildung in der islamischen Welt. Sie stellen ein Drittel der Arbeitskräfte und aller Ärzte und an den Unis mehr als die Hälfte der Studierenden. Sie lenken ihr eigenes Auto und Firmen, gehen wählen, besetzen hohe politische Ämter und kämpfen, hochgradig organisiert und viel vehementer als in irgendeinem anderen arabischen Land, für mehr Rechte. Und sie haben erkannt, dass sich jede private Geste, jeder Akt gegen den offiziellen Benimmkodex als Protest instrumentalisieren lässt. So signalisiert den Sittenwächtern jeder Zentimeter, den das Kopftuch nach hinten rutscht, auch latente Bereitschaft zur Rebellion.

Wortfeld Frauenrechte / Emanzipation / Unterdrückung

AUF EINEN PLAUSCH INS GOTTESHAUS

„Psst! psst!" In Kirchen, heißt es, hat man still zu sein. Höchstens ehrfürchtiges Flüstern geht. In Moscheen dagegen geben sich Gläubige, im Iran wie überall in der islamischen Welt, vergleichsweise viel freier und schwatzen, lachen, ja halten auf dem Teppich hingestreckt ein Schläfchen. Woran das liegt? Moscheen erfüllen seit Mohammeds Zeiten nicht nur religiöse Funktionen. Sie dienten lange als Sitz der Verwaltung und Rechtsprechung, als Ort für Versammlungen und militärische Befehlsausgaben, an dem auch Geschäftsabschlüsse besiegelt und Eheverträge geschlossen wurden; als Koranschulen, Rastplatz und Asyl für Arme, Reisende, Verfolgte. Als öffentlicher Erholungsraum, wo man vor und nach dem Gebet getrost plaudern, einfach Geselligkeit genießen kann, dienen sie bis heute. Zum Erstaunen vieler Europäer, die in einem Gotteshaus ausschließlich den Raum zur inneren Einkehr sehen.

ESSEN & TRINKEN

Mehman habib-e chodast: **„Der Gast ist Gottes Freund". Diesen Leitspruch nehmen sich Iraner besonders zu Herzen, wenn es darum geht, einen Gast kulinarisch zu verwöhnen. Wenn eine Einladung nach Hause ernst gemeint und nicht bloß eine der obligaten Höflichkeitsfloskeln war, ziehen Iraner dort alle Register**.

Die persische Küche zählt unter Feinschmeckern zu den besten der Welt, reich an unterschiedlichsten Zutaten und Rezepten. Sie ist ***das Ergebnis vieler Einflüsse***, aus dem Kaukasus, Russland, Europa, Indien, dem Nahen Osten, aber geprägt auch von der klimatischen und kulturellen Vielfalt im Land selbst. Geschmacklich können Sie auf eine faszinierende Entdeckungsreise gehen, vom Kamelkebab mit Datteln in der Wüstenoase über den Fisch aus dem Golf bis zur berühmten ***Gemüseküche***, deren Zutaten von den Feldern der fruchtbaren Provinzen am Kaspischen Meer stammen.

Die Gerichte sind meistens gut gewürzt, aber nicht scharf. Und sie sind, weil oft auf frischen Gemüsen und Kräutern basierend und von Salaten begleitet, unterm Strich überdurchschnittlich gesund. Auch Vegetarier können sich ganz gut verköstigen, obwohl Iraner insgesamt eindeutig Fleischgerichte bevorzugen.

Die Hygienestandards sind hoch – in Vorderasien alles andere als eine Selbstverständlichkeit. Die Kühlkette funktioniert. Was auf dem Teller landet, ist gewaschen. Montezuma übt nur sehr, sehr selten Rache.

Bild: Der „grüne" Eintopf Ghorm-e Sabzi

Kebab, Köfte und _Khoresht:_ Die Küche ist reichhaltig und raffiniert. Sowohl fürs Zubereiten wie auch Genießen braucht es eins, viel Zeit

Schön ist auch, dass man in vielen Lokalen nach wie vor wählen kann, ob man sein Essen wie Westler an Tischen oder nach alter Landessitte im Schneidersitz auf *Takhts*, flachen, mit Teppichen und Rückenpolstern ausgekleideten Holzpodesten, einnehmen will. Und: Hierzulande isst man mit Muße. Mahlzeiten, von denen die am Mittag die wichtigste ist, sind traditionell Anlässe für Geselligkeit und dauern. ***Slow Food in Reinkultur***. Dass in den Städten trotzdem auch eine Liebe zu Fastfood, Burger, Sandwich und Pizza grassiert, das steht auf einem anderen Blatt.

Eine nicht so gute Nachricht lautet: Als Einzelreisender, der auf die Geldbörse schaut und oft abseits der Großstädte unterwegs ist, aber auch in der Gruppe, wenn man hauptsächlich in Hotelrestaurants isst, wird man oft mit einem arg beschränkten Repertoire an Gerichten abgespeist. Ja, mal findet sich auf der Menükarte einer der typischen, köstlichen Eintöpfe *(Khoresht)*, mal eine Lammkeule *(Mahiche)*, ein Fisch *(Mahi)* und die eine

SPEZIALITÄTEN

Abgusht – früher ein Arme-Leute-Suppeneintopf aus Schaf- oder Kalbfleisch, Hülsenfrüchten, Tomaten und Kartoffeln
Ash – nahrhafte, regional sehr unterschiedlich zubereitete Suppe, gängige Varianten: *Ash-e reshteh*, aus Nudeln, Hülsenfrüchten, Kräutern und Molke, und *Ash-e mast*, mit Linsen, Zwiebeln und Joghurt
Dizi – im traditionellen Tontopf zubereitete Version von Abgusht; Fleisch und Beilagen werden mit einem Stößel zu dickem Brei zerstampft und mit Brot gegessen; die restliche, rote Suppenbrühe (Foto li.) isst man separat
Ghorm-e Sabzi – „Grüner Eintopf" aus Bohnen, (Lamm-)Fleisch und diversen Kräutern
Kaleh pacheh – nichts für empfindliche Mägen, aber viele Iraner essen das zum Frühstück: Eintopf aus Hammelköpfen und -füßen
Kebab – Grillfleisch am Spieß, meist mariniert, am beliebtesten in den Versionen *Kubideh*, aus Hackfleisch vom Hammel, *Djudjeh*, vom Hühnchen, und *Bakthiyari*, eine Kombi aus Lamm und Huhn (Foto re.)
Khoresht-e Fesendjan – Eintopf aus Hühnerfleisch, dazu Granatapfelsauce mit gemahlenen Walnüssen
Köfte Tabrizi – oft kolossale Knödel aus Reis, Hackfleisch, Spalterbsen, mit süßem Kern
Mirza Ghasemi – Lieblingsgericht nicht nur aller Vegetarier: Auberginenpüree, vermengt mit Tomaten, Knoblauch und Eiern, mit Reis oder Brot serviert
Shirin Polo – süßes Reisgericht aus Hühner- oder Lammfleisch mit Berberitzen, Safran und gemahlenen Pistazien
Tadigh – Reisgericht auf Basis der beim Kochen auf dem Topfboden gebildeten, goldgelben Kruste; wird gerne mit dünn geschichteten Kartoffelscheiben serviert
Tahchin Morgh – Reiskuchen mit Hühnerfleisch, Joghurt und Zwiebeln
Zeytun Parvardeh – pikantes Appetithäppchen vom Feinsten: marinierte Oliven in Granatapfelsauce mit Nüssen

oder andere regionale Spezialität. Auch Vorspeisen- und Salatbüfetts sind verbreitet. Und in den traditionellen Teehäusern *(Chaikhaneh)* sowie einfachen Kneipen, wo Arbeiter und Basarhändler, ausschließlich Männer übrigens, werktags Kalorien tanken, bekommt man meist *Abgusht*, *Dizi* oder *Ash*, die berühmte Suppe. Aber oft sind Spieße mit Rind-, Hammel- oder Hühnerfleisch – kein Schwein in der Islamischen Republik – die einzige Option. Nicht, dass solche Kebabs nicht zu empfehlen wären. Im Gegenteil: Mager, über Holzkohlenfeuer gegrillt und mit Sumach lecker gewürzt, kombiniert mit den ***Bergen von gebuttertem Reis,*** den Grilltomaten, der rohen Zwiebel und dem Joghurt, den man dazu serviert, haben sie mit dem Döner, den man in Europa im Stehen verschlingt, nur den Namen gemeinsam. Doch nach ein, zwei Wochen *Chelo kebab*, so heißt dieses Nationalgericht, sehnt man sich nach Abwechslung. Vor allem da die Frühstücksbüfetts im gastronomischen Alltag ziemlich mager ausfallen – in der Regel sind sie bloß mit Weißbrot, etwas Schafskäse, Marmelade, ein paar Eiern, Gurkenscheibchen und Instantkaffee bestückt – und sich das Dessert, wenn es denn überhaupt eines gibt, meist auf ein Stück Wassermelone oder eine Portion grellbunten Wackelpudding beschränkt.

Um Vielfalt und Raffinement der persischen Cuisine wirklich zu erschmecken, muss man ausgewählte, teurere Lokale aufsuchen. Oder das Privileg genießen, bei einer Familie daheim zu essen. Wenn es sich um einen traditionellen Haushalt handelt, ***sitzt man dort auf dem Boden um das Sofreh,*** das über den Teppich gebreitete Tischtuch. Die Schuhe hat man gleich am Wohnungseingang abgestreift und dort auch schon das obligate Geschenk für die Gastgeberin überreicht, am besten Blumen. Und während die nach stundenlanger Kocharbeit in der Küche, bis heute ihre Domäne, letzte Vorbereitungen trifft, reicht der Hausherr, um das Warten zu verkürzen, Schalen mit Obst, Nüssen und Süßigkeiten. Schließlich wird das Essen aufgetragen, und zwar alles gleichzeitig: ein Potpourri kalter und warmer Vorspeisen, von Hummus und diversen *Dolmeh* bis zu Kräuteromeletts *(Kuku-ye Sabzi)* und Bohneneintopf *(Lubia)*; dazu Mixed Pickles *(Torshi)* und ein Bündel frischer Kräuter *(Sabzi Khordan)*, die man – bitte immer mit der reinen, rechten, nie mit der linken „Toiletten"-Hand nehmen! – als Fingerfood mit Fladenbrot und Ziegenkäse isst. Die Hauptgerichte, oft sind es mehrere, kommen meist mit Reis, im Idealfall dem inländischen langkörnigen *(Berendj)* aus der Provinz Gilan,

Irans Nationalgetränk Tee schließt die Mahlzeit ab

der mit Safran, Berberitze oder Orangenschalen verfeinert wurde. Nebenbei: Sie sollten immer einen kleinen Rest auf dem Teller zurücklassen. Andernfalls fühlt sich der Gastgeber zu einem Nachschlag verpflichtet. Und: Nicht wundern, wenn Sie kein Messer vorfinden. Iraner essen sogar Fleisch mit Gabel und Löffel, Reis übrigens immer mit Letzterem.

Und zu trinken? Da Alkohol zumindest offiziell strikt tabu ist, gibt es neben Mineralwasser meistens alkoholfreies Bier und Softdrinks. Ein ***Klassiker ist Dough,*** eine Mischung aus Joghurt, Molke und Wasser, die man auf viele Arten würzt, etwa mit Minze oder Pfeffer. Zum Abschluss serviert man Irans Nationalgetränk schwarzen Tee, zuckersüß, im Samowar zubereitet und im Idealfall zusammen mit einer Wasserpfeife *(Kalian)*.

EINKAUFEN

Teppiche, Miniaturen, Seidenbrokate und Safran: Irans Basare sind wie unerschöpfliche Schatztruhen. Wer darin stöbert, braucht viel Zeit.

Na klar, auch in iranischen Großstädten stehen längst riesige Shoppingmalls, gibt es jede Menge moderner Boutiquen und Einzelhändler. Doch das authentische, ungleich sinnlichere Kauferlebnis bietet bis heute der Basar. In jedem Stadtkern schlägt so ein zeitlos altes Herz des Handels. Die prächtigsten, bestsortierten besitzen Isfahan, Shiraz, Yazd, Kerman, Tabriz und Teheran. Aber auch in den Marktgassen von Provinzstädten wie Zanjan, Arak, Qazvin oder Urumiyeh zum Beispiel fühlt man sich wie in 1001 Nacht. Und das Angenehme: Man kann in der Regel völlig ungestört flanieren. Niemand nervt mit: „Nur gucken!", zupft am Ärmel. Für alle Waren des alltäglichen Gebrauchs gelten mehr oder weniger Fixpreise. Handeln darf und soll man bei gehobenen Souvenirs, Kunsthandwerk, Antiquitäten. Sich etwa im Teppichladen beim Glas Tee gesprächsweise zu umtänzeln, ist gleichzeitig spielerisches Ritual und Teil des Geschäfts. Vorsicht aber: Wer ohne echte Kaufabsicht zu schachern beginnt, ist ein unfairer Zeitdieb. Und wer die Forderung des Händlers mit dem Gegenangebot um mehr als zehn, maximal 15 Prozent unterschreitet, verliert das Gesicht und verdirbt den Deal.

KUNSTHANDWERK

Silber-, Leder-, Kupfer- und Emailarbeiten, Kalligrafien, Fliesen, Keramikmosaike, Seidenbrokate *(Termeh)* oder handbedruckte Baumwolltischdecken ... Man bräuchte Aladdins Wunderlampe, um sich alle Kaufwünsche zu erfüllen. Eine zauberhafte Erinnerung sind Miniaturen, mit feinstem Katzenhaarpinsel auf Kamelknochen (bitte kein Plastik!) gehauchte und mit Intarsienleisten umrahmte Bilder von Derwischen, Liebespaaren, Polospielen, Jagd- oder Hofszenen.

SAFRAN & KULINARISCHES

Leckereien sind ein ideales Mitbringsel. Fast jede größere Stadt kennt ihre eigene, süße Versuchung: Kerman etwa seine *Kolompeh*, mit Dattelmus gefüllte Rundtaschen, Isfahan sein *Gaz*, ein Nougat mit Tamariskensaft als Hauptzutat, Qom seine Krokantscheiben namens *Sohan*, Yazd *Pashmak*, Zuckerwatte, und die Kaspi-Region um Rasht ihr *Kulucheh*, ein

Ein „echter Perser" ist bis heute Inbegriff eines Orientteppichs. Auch beim „Roten Gold" ist der Iran weltweit wichtigster Lieferant

Rundgebäck mit Zimt-Walnuss-Füllung. Ein Klassiker ist Rosenwasser und -parfüm aus dem Raum Kashan, ein zweiter Kaviar, den man, um 150 Euro das Döschen, nur in ausgewählten Luxushotels und bei der Ausreise am Airport kaufen sollte. Beliebt sind außerdem Pistazien, von denen Iran weltweit die meisten und wohl auch besten produziert. Dann wäre da noch Safran, der Kuchen, Reis, aber auch Tee ein unvergleichliches Aroma verleiht. Er ist auch unvergleichlich teuer: ab 1,50 Euro pro Gramm kostet er beim Zwischenhändler in den Städten der Provinz Khorasan, wo man ihn hauptsächlich anbaut, in den Edelläden von Mashhad schon das Zwei- bis Dreifache. Ist der Preis sehr viel niedriger, ist es mit Sicherheit Fake – die ungleich gröberen, roten Fäden der Färberdistel oder gemahlene Kurkuma.

TEPPICHE

2500 Jahre alt ist die hohe Kunst der Teppichherstellung im Iran. Muster und Farben sind so vielfältig wie die Qualitäts- und Preisspannen groß. Die Faustregeln: Handgeknüpft ist teurer als maschinengewebt, Seide teurer als Baumwolle. Naturfarben und -fasern sind schöner und kostbarer als künstliche. Besonders geschätzt sind Nomadenteppiche und „antike", das heißt über 80 Jahre alte Stücke. Mitentscheidend ist die Anzahl der Knoten: Derbe Stücke zählen 15–50 000 pro m^2, allerfeinste 400 000 und mehr. Die einen bekommt man für 200 bis 300 Euro, die anderen kosten etliche Tausend. Der Rest ist weitgehend Geschmackssache. Läden gibt es in allen großen Basaren, die tollste Auswahl in Teheran, Tabriz und Shiraz sowie um den Imam-Platz in Isfahan. Was Verzollung und Heimtransport betrifft, kann man auf Rat und Service erfahrener Händler vertrauen. Viele bieten zum Pauschalpreis Haus-zu-Haus-Zustellung an. Manche akzeptieren Kreditkarten. Wer das gute Stück selbst mitnimmt, muss die Zollmeldung selbst erledigen.

TEHERAN & DER NORDEN

Die Natur des Iran kann auch ganz „uniranisch“: Am schmalen Küstensaum, wo die Wolken vom Kaspischen Meer am Elburs-Gebirge abregnen, herrscht statt heißem Wüstenklima fast subtropische Feuchte. Mit dichten Laubwäldern (der Begriff *Djangal*, das zu Dschungel wurde, kommt von hier), mit Reisfeldern, Teeplantagen, gischtenden Flüssen und schier endlosen Sandstränden als Ferienparadies für Millionen Teheraner.

Nur zwei-, dreihundert Kilometer östlich landeinwärts dagegen – die grandiose Öde trockener Steppe, Wüste, baumlos, braungrau, dünnst besiedelt. Aber hier wie dort: Geschichte satt. Die Provinzen Gilan und Mazanderan oben am großen Wasser wurden spät islamisiert. Ihre Bewohner ticken bis heute merklich eigenwillig, weltlicher, mehr nach Russland orientiert. Die Regionen Semnan und Khorasan im Nordosten sind uraltes Kernland iranischer Hochkultur und Religiosität, Heimat vieler der großen Dichter, Mystiker, Gelehrten. Dort liegt mit Mashhad die für Schiiten heiligste Stadt des Iran. Einen ganz eigenen Kosmos bildet als Trendsetter, Wirtschaftsmotor, Regierungssitz, absolutes Machtzentrum des Landes die Megacity Teheran.

GONBAD-E QABUS

(136 B3) (*H3*) **Die Hauptstadt der Turkmenen (150 000 Ew.) hat bis auf**

Bild: Kacheln im Teheraner Golestan-Palast

Von der weltlichen Hauptstadt zum allerheiligsten Pilgerziel im Osten, von der Küste am Kaspischen Meer zum Elburs-Gebirge

den legendären Turm, der ihr den Namen gab, wenig zu bieten. Einen zusätzlichen, sehr reizvollen Farbtupfer verleiht die Begegnung mit dieser Minderheit Ihrem Bild vom Vielvölkerstaat Iran in jedem Fall.

Herrliche Pferde züchten die Turkmenen als stolze Nachfahren der Mongolen. *Telpeks* werden die typischen Lammfellmützen genannt, die Sie auf einigen Köpfen sehen werden. Auch die urwüchsige Natur im Umland ist etwas Besonderes. Dort liegen erfrischend vielfältige Landschaften, dichte, menschenleere Bergwälder, eine vogelreiche Meeresküste und die Steppe der Turkmensahra im äußersten Norden.

SEHENSWERTES

GONBAD-E QABUS ★

Der aus Ziegeln geschichtete „Riesenfinger" mit seinem kegelförmigen Dach ist ein Wahrzeichen iranischer Architektur. Wirklich wundersam und sehr sehenswert, wie er da, ursprünglich als Grab für

Die Gastgeber der Turkmen Ecolodge möchten die turkmenische Kultur bewahren

einen Herrscher mit dem wohlklingenden Namen Qabus ibn-e Wushmgir, seit über 1000 Jahren auf einem künstlichen Hügel in den Himmel ragt. *Tgl. 7.30–20 Uhr | Eintritt 200 000 Rial*

FREIZEIT & SPORT

HIPPODROM

Dass die Vorfahren der Turkmenen heißblütige Nomaden und begnadete Reiter waren, ist besonders intensiv am Pferderennplatz zu spüren. Von November bis Juni geht im örtlichen Hippodrom jeden Freitag die Post ab. Auch Frauen dürfen zuschauen, und ja, kaum zu glauben, wie locker der Staat hier die Zügel lässt, man darf sogar um Geld wetten. *Eintritt 50 000 Rial*

ÜBERNACHTEN

QABUS

Ansprüche runterschrauben und – Sie sind auf der Durchfahrt – froh sein, dass es freundlich zugeht, sauber ist und auch tadelloses Essen gibt. *21 Zi. | Yas Street, Imam Ali Square | Tel. 0173 33 45 40 46 | €*

ZIELE IN DER UMGEBUNG

GOLESTAN-NATIONALPARK

(136 C3) *(🗺 J3)*

Kamran Anvari ist von einer Idee beseelt: Er will das Ökobewusstsein in der Region verankern. Deshalb betreibt er mit seiner Partnerin Forough eine Naturschule und unterstützt das Kunsthandwerk der turkmenischen Bevölkerung. Vor allem aber führen die beiden in einem Dorf in der Nähe von Kalaleh die INSIDER TIPP *Turkmen Ecolodge*. Von dem nach lokalen Traditionen designten und geführten Anwesen aus organisieren sie Trekkingtouren und naturkundliche Exkursionen, auch hoch zu Pferd, in den benachbarten Golestan-Nationalpark. Der ist Irans ältester und nur 920 km² groß, aber ein echter Musterkasten für unberührte Landschaften: Steppe, Wüste, Almwiesen, dichter Bergwald – ein tolles Ziel für Hobbybotaniker, Wild- und Vogelkundler. *20 Betten | Tel. 0912 720 67 41 | www.turkmenecolodge.com | €€*

INSIDER TIPP KHALED NABI

(136 B3) *(🗺 H3)*

Nur nicht an Schlüpfriges denken: Die Grabstelen sehen ziemlich „männlich" aus, wie sie da steinern zylindrischschlank zu Hunderten über Hügelkämme verstreut aus der Wiese ragen. Klar, die phallische Optik dieses rätselhaften Friedhofs ist nur ein Kuriosum und Zusatzmotiv für die 90 km weite, leider recht schlecht beschilderte Anfahrt in den äußersten

Norden. Den eigentlichen Reiz bilden die ganz spezielle Landschaftskulisse aus Wiesenkuppen auf den letzten ca. 20 km und mehr noch das einzigartige Panorama, das sich am Ziel vom Parkplatz aus entfaltet: im Vordergrund das *Mausoleum des Khaled Nabi*, eines vorislamischen Propheten, und dahinter bis zum Horizont die gefalteten Hügelrippen der turkmenischen Steppe. *Guide anheuern oder in Kalaleh nach dem Weg fragen*

MASHHAD

(137 E4) (*L4*) **In der zweitgrößten Stadt des Iran dreht sich alles um Ali ibn Musa al-Reza, auch als Imam Reza oder Achter Imam bekannt. Für ihn und von ihm lebt ein Großteil ihrer 3 Mio. Einwohner. Sein Mausoleum markiert Mashhads geografischen Mittelpunkt und macht es zur spirituellen Kapitale.**

Imam über alles? Fast. Es gibt zwar auch ein paar andere Besichtigungsziele: am nördlichen Stadtrand etwa das schöne *Mausoleum des Khajeh Rabi*, eines Gefährten des Propheten Mohammed, und im Zentrum das eher klobige von *Nader Shah*, jenem Heerführer, der vor mehr als 250 Jahren als letzter Iraner einen Angriffskrieg, nämlich gegen Indien, anzettelte. Mashhad besitzt auch Viertel mit schicken Boutiquen und Restaurants. Und es ist der Startplatz für Touren in die Provinz Khorasan. Aber: Die lange Anfahrt oder den Flug aus Teheran unternimmt man in erster Linie, um den Schrein und das fromme Treiben zu erleben.

SEHENSWERTES

IMAM-REZA-HEILIGTUM (HARAM-E MOTAHAR-E RAZAVI) ★

Ihre zwölf Imame gelten schiitischen Iranern als göttliche Lichtgestalten, die sie mit Inbrunst verehren und zu deren Mausoleen sie in Massen wallfahren. Die wichtigsten sind auf irakischem Boden, einige im saudischen Medina begraben.Ein einziger, der 818 verstorbene Achte, ruht im Iran. In Mashhad. Weshalb es hier Superlative in Serie hagelt. 27 Mio. Besucher pro Jahr. In den Dutzenden Trakten, umgeben von goldenen und türkisen Kuppeln und Türmen und auf den riesigen Freiflächen haben zeitgleich 3 Mio. Menschen Platz. Es ist angeblich der größte Schrein der Welt! Nicht-Muslime dürfen in den Höfen umherwandern, nicht aber die eigentlichen

MARCO POLO HIGHLIGHTS

★ **Gonbad-e Qabus**
Eine Ikone frühmittelalterlicher Turmarchitektur → S. 33

★ **Imam-Reza-Heiligtum**
Das Mausoleum in Mashhad ist wohl der größte Schrein der Welt → S. 35

★ **Sultaniyeh**
Ein kolossaler Kuppelbau – das Grabmal des Mongolenkhans Oldjaitu → S. 38

★ **Golestan-Palast**
Der Buckingham Palace der iranischen Schahs im Herzen von Alt-Teheran → S. 42

★ **Juwelenmuseum**
Exzessives Glitzern in Teheran: ein Kronschatz von unvorstellbarem Wert → S. 43

★ **Nationalmuseum**
Kostbarkeiten aus 7000 Jahren unter einem Dach in der Hauptstadt → S. 44

Grabräume betreten. Entschädigt fühlt man sich beim Gang durch die diversen, durchweg hervorragenden Museen. Auf dem Gelände finden sich u. a. solche zur Geschichte des Schreins, zu Koranen und zur Teppichknüpfkunst.

Touristen melden sich bei einem Torwächter, werden von einem ehrenamtlichen Führer abgeholt und bekommen in der Regel auf Englisch, manchmal auf Deutsch, die Anlage gezeigt. *Zutritt rund um die Uhr | Führungen ganztägig nach Bedarf | Zutritt und Führung gratis | Museen: das zentrale tgl. 8–17, alle anderen 8–12 Uhr | Sammelticket 10 000 Rial*

ESSEN & TRINKEN

PESARAN-E KARIM

Seit 50 Jahren züchtet Ali Atami Schafe, seit Langem organisch, ohne Antibiotika. Die Lammhaxe *(Chelo Mahicheh)* oder das 500g-Lamm-*Shishlik*, das er in seinem vielfach ausgezeichneten Restaurant serviert, zergeht entsprechend auf der Zunge und ist, für die Topqualität, gar nicht teuer. *Tgl. | Farhad Street 22 | Tel. 098 513 74 50 53 |* €€€

EINKAUFEN

Millionen von Pilgern wollen Souvenirs – aber wer keinen Bedarf an Gebetsketten und -steinen oder Heiligenbildchen verspürt: In den vielen Läden, vor allem im Reza-Basar südöstlich des Schreins, gibt es auch profane Mitbringsel: allen voran die Klassiker Türkisschmuck und Safran.

ÜBERNACHTEN

Achtung, zur Pilgerzeit ist die ganze Stadt ausgebucht, schnellen die Zimmerpreise in astronomische Höhen. Dafür gewähren die Hoteliers in der Nebensaison krasse Rabatte. Unbedingt verhandeln!

MASHHAD

Allein die Zahl der Hotels in der gehobenen Kategorie ist dank der anschwellenden Pilgerströme inzwischen dreistellig. Diese Pionieradresse aus den 1970ern erspart Ihnen übertriebenen Plüsch und Pomp, konzentriert sich stattdessen auf Qualität und ist bürgerlich-behaglich und recht erschwinglich dazu. Gym, Spa für Frauen, gutes Restaurant. Erhebend: der Panoramablick von manchen Zimmern der oberen Etagen auf den *Haram*, den heiligen Bezirk. *98 Zi. | Imam Reza Avenue | Tel. 0513 222 66 66 | www.mashhad-hotel.com |* €€–€€€

ZIELE IN DER UMGEBUNG

NISHAPUR (137 E4) *(K4)*

Im Osten Irans, in der historischen Großregion Khorasan, liegen die Ursprünge der klassischen persischen Literatur. Zweien ihrer Allergrößten sollte man seine Aufwartung machen, auch wenn man sonst wenig mit alten Dichtern am Hut hat. Schon um zu erleben, wie sehr Iraner sie verehren. Beide liegen 110 km westlich in Nishapur begraben, das auch für seine reichen Türkisminen berühmt ist: in dem blau verfliesten Kuppelbau *(tgl. 8–20 Uhr | Eintritt 150 000 Rial) Fariduddin Attar*, vor 800 Jahren verstorbener Autor der fabelhaften „Konferenz der Vögel". Und 1 km östlich, unter einem stilisierten umgestülpten Weinkelch aus Beton *(tgl. 8–22 Uhr | Eintritt 150 000 Rial) Omar Khayyam*, der für seine freigeistig-frivolen Vierzeiler geliebte und viel gelesene Mathematiker, Philosoph und Dichter.

TORBAT-E JAM (137 F5) *(L4)*

Ein Ausflug, 135 km weit, an die afghanische Grenze. Warum Sie ihn machen sollten? Bildungsbürgerliche Begründung: Weil in der Stadt mit dem *Mausoleum von Sheikh Ahmad* ein Architekturjuwel

Welcher Farbstein nahe Nishapur gefördert wird? Die Grabmale zeigen's an: links das Attar-Grab

ersten Ranges aus der Wende vom 14. zum 15. Jh. wartet. Vom Bauchgefühl: Weil Sie dort, ganz im Osten, unter der sunnitischen Minderheit, den Männern mit ihren weißen Turbanen und Bärten und unsichtbaren Frauen, wieder andere, feine Schwingungen erspüren. Wenn Sie im Oktober unterwegs sind, gibt's ein Zusatzargument: ● INSIDER TIPP die Safranernte. Dann können Sie vom Straßenrand aus den Bauern auf ihren Feldern beim Pflücken der lila Krokusse zusehen. Und in den Basaren der Region, etwa auch in *Taybad* und *Torbat-e Heydariyeh*, das „Rote Gold" ganz frisch kaufen. Zum Übernachten und Essengehen empfehlenswert: das *Hotel Pardisan (23 Zi. | Imam Khomeini Boulevard, nahe 34. Gasse | Torbat-e Jam | Tel. 05152523498 | €)*.

TORQABEH (137 E4) *(🕮 L4)*
Ein bisschen auf Distanz gehen zur Millionenstadt und dem Betbetrieb: An den Hängen des Binalud-Gebirges 25 km westlich verspricht der Ausflugsort diesseitige Freuden – Blätterrauschen, Bachgemurmel, frische Luft und gutes Essen in gemütlichen (Open-Air-)Lokalen. 20 km tiefer in den Bergen liegt das malerische Terrassendorf *Kang*, ein Ausgangspunkt für schöne Wanderungen.

QAZVIN

(135 D–E4) *(🕮 E4)* **Die altehrwürdige Händlerstadt Qazvin (400 000 Ew.) wird touristisch meist unter ihrem Wert geschlagen. Kaum von Teheran aus in Richtung Nordwesten gestartet, soll man schon wieder abbremsen? Selbst schuld, wer es nicht tut.**

Bitte keine falschen Erwartungen: Die Stadt, die ihr Geld schon immer mit Teppichen und Agrarprodukten, vor allem Weintrauben, macht und zudem von der Lage an der Kreuzung der Seidenstraße mit der Nord-Süd-Route zum Kaspischen Meer profitierte, wartet nicht mit Sensationen auf. Aber mit einer Reihe beachtlicher Moscheen, Medresen und Heiligtümer. Aus der Mitte des 16. Jhs., als sie eine Generation lang Residenz eines Safawidenkönigs war, sind ein reizender Gartenpalast und ein Torbau erhalten. Sehr stattlich und voll prallem Leben ist der gedeckte Basar, ebenfalls einen Besuch wert das moderne, mit Kunsthandwerk und Archäologischem gut bestückte Stadtmuseum.

SEHENSWERTES

FREITAGSMOSCHEE (MASJED-E JAME)

Selten spürt man die Würde und Melancholie des Alters in der Architektur so deutlich wie hier. Kein Geringerer als Harun ar-Raschid – ja, der legendäre Kalif aus Bagdad – soll die Anlage um 800 auf dem Fundament eines Feuertempels gegründet haben. Ihre heutige Form mit den vier Tonnengewölben um den weiten Hof und der Riesenkuppel erhielt sie 300 Jahre später unter den Seldschuken. *Tgl. von Sonnenaufgang bis in den mittleren Abend | Eintritt frei | Shohada Street*

HOSSEIN-MAUSOLEUM (IMAMZADEH HOSSEIN)

Dieses Mausoleum eines Sohnes des Achten Imam ist die wichtigste Pilgerstätte Qazvins. Das Torportal mit seinen sechs Minaretten, komplett in einen Keramikteppich gehüllt, das Trinkbrunnenhaus, das Grabmal selbst, im Innern lückenlos mit Spiegeln und Fliesen ausgekleidet – macht unterm Strich ein Ensemble, an das man gerne zurückdenkt. *Tgl. von Sonnenaufgang bis in den mittleren Abend | Eintritt frei | Salamgah Street*

ESSEN & TRINKEN

IQBALI

Ein Familienbetrieb, sorgsam und herzlich geführt. Eine Gefahr aber lauert: *Gheymeh Nesar*, die örtliche Spezialität aus Rindfleisch, Mandeln und Berberitzen – Sie werden nicht aufhören können, sie zu löffeln. Dasselbe gilt für *Shirin polo*, den „süßen Reis" mit Lammkeule, den man hier freitags kocht. *Tgl. | Taleghani Street | Tel. 028 12 22 49 90 | €€*

ÜBERNACHTEN

INSIDER TIPP BEHROUZI

Altstadthaus goes Boutiquehotel: stilvoll und mit viel Liebe zum Detail renovierte Ruheoase, vorzügliche Küche, ganz nahe beim Basar. *12 Zi. | Buali Street, Ansarian-Gasse | Tel. 028 33 24 15 602 | behrouzihotel@yahoo.com | €€€*

ZIEL IN DER UMGEBUNG

SULTANIYEH ★ (135 D4) (*🗺 E3*)

Es waren angeblich das kühle Sommerklima und die ergiebigen Weidegründe, in die sich der mongolische Herrscher Oldjaitu verliebte, weil sie ihn an seine Urheimat in Zentralasien erinnerten. So beschloss er, auf der fruchtbaren Ebene 130 km westlich von Qazvin in nur 40 Jahren aus dem Nichts eine großartige Stadt zu bauen. Wenig später wurde die „Residenz der Sultane", so die Übersetzung, vom Eroberer Timur fast völlig zerstört. Was vom Glanz blieb, ist allein das *Mausoleum (tgl. 8–17 Uhr | Eintritt 200 000 Rial)* des Gründers. Aber das hat es in sich: 10 000 Mann sollen mit der Aushebung der Fundamente für den achteckigen Kolossalbau beschäftigt gewesen sein, 500 Zimmerer und 5000 Steinmetze mit Aufbau und Ausgestaltung. Die Kuppel zählt mit 52 m zu den weltweit höchsten je aus Ziegeln errichteten. Ihr Inneres ist äußerst originell mit Stuck verziert, aber leider bis zum Scheitel hinauf komplett eingerüstet. In der Stadt gibt es keine Unterkunft. Ein sehr gediegenes, dennoch preisgünstiges Quartier ist das *Grand Hotel (48 Zi. | Basij Square | Tel. 024 33 78 81 90 | www.zanjangrandhotel.com | €€)* im nahen Zanjan.

RASHT

(135 D3) (🗺 E3) **In Euphorie wird Sie die Hauptstadt der Provinz Gilan und mit Abstand größte Stadt an der ganzen Küste (650 000 Ew.) kaum versetzen. Kriege, Erdbeben und das feucht-warme Klima haben sie ihre alte Bausubstanz gekostet. Trotzdem lohnen sich ein Rundgang durch die moderne Innenstadt und der Besuch des Museums.**

Prächtig gekleidet: das Hossein-Mausoleum in Qazvin

20 km vom Meer im Mündungsgebiet des Flusses Sefid Rud liegt diese wichtige Industrie- und Universitätsstadt. Im Zentrum eine gepflegte Fußgängerzone, in deren Mitte zweistöckig und weiß getüncht das schmucke *Rathaus* steht und diesem gegenüber, in Bronze gegossen, *Mirza Kuchek Khan*. Der heute offiziell als Held verehrte Rebell kämpfte Anfang des 20. Jhs. von Gilan aus als Anführer der sogenannten „Wald-Bewegung" gegen die herrschenden feudalen Verhältnisse. Sein Mausoleum auf einem Friedhof an der Manzarieh-Straße ist noch immer Pilgerziel für viele Antimonarchen. Für Europäer ist der Hauptgrund, in Rasht Station zu machen, dass es gut als Basislager für Ausflüge ins waldig-gebirgige Hinterland genutzt werden kann.

SEHENSWERTES

STADTMUSEUM

Präsentationstechnisch hat die Sammlung sicher Verbesserungsbedarf. Aber was sie zeigt, vor- und frühgeschichtliche Keramiken, Gold- und Metallgefäße, typisches (Kunst-)Handwerk aus der Region Gilan und Gebäudemodelle, darunter eines der Rudkhan-Festung, ist gar nicht ohne. Und irgendwie hat die altmodische Vollgepfropftheit ja auch Charme. *Tgl. 9–18 Uhr | Eintritt 50 000 Rial | Taleqani Street*

ESSEN & TRINKEN

MANZARIEH

Ein moderner Pavillon aus Naturholz und Glas bildet den freundlich-hellen Rahmen.

In der Provinz Gilan wird der langkörnige *Berendi*-Reis angebaut

Sehr inspirierend ist die Küche: *Mirza Ghasemi, Fesenjan,* Fisch und knoblauch- und gemüsereiche Gerichte. Unbedingt probieren: *Zeitoun Parvarden*, Oliven in einer Granatapfel-Walnuss-Paste. *Tgl. | Azadi Street | Tel. 013 33 32 44 31* | €€€

ÜBERNACHTEN

KADUS

Dem Phänomen begegnen Sie immer wieder: Fassade und Lobby kommen glitzerig, pompös daher. Als besäße man fünf Sterne. In den Zimmern entpuppen sich dann zwei davon als Sternschnuppen. Unterm Strich aber logiert man in diesem „Grand Hotel" tadellos. *96 Zi. | Manzarieh Boulevard | Tel. 013 3 33 65 07 08 | kadus hotel@gmail.com* | €€€

ZIELE IN DER UMGEBUNG

BANDAR ANZALI (135 D3) (*E3*)

Es ist schwer zu übersehen: Irans wichtigster Hafen an der Kaspi-Küste hat schon bessere Tage gesehen. Ein dickes Danke den industriellen Fischfangflotten und den Schmutzfinken der Ölindustrie in den Anrainerstaaten. Was man auf Kurzbesuch hier tut? Die Uferpromenade am Hafenbecken abspazieren, den reich bestückten Fischmarkt beschnuppern und den *Sommerpalast (tgl. 8.30–13.30, 14.30–20.30 Uhr | Eintritt 45 000 Rial)* der Schah-Familie, heute ein (Militär-) Museum, besichtigen. Höhepunkt ist ein Bootsausflug in die *Mordab-Lagune (diverse Ableger am Hafen | halb- bis zweistündige Touren 50 000–250 000 Rial),* ein Naturreservat, in dem viele seltene Vogel-, Amphibien- und Insektenarten zu Hause sind.

KASPI-KÜSTE

Millionen von Teherani träumen das Jahr über in ihrer stressigen, smoggeplagten Heimatstadt vom Strandurlaub und überschwemmen, wenn es zu Nowruz oder im Hochsommer so weit ist, ihre Ferienorte. Europäische Gäste hingegen reagieren meist enttäuscht angesichts der Zersiedelung und über weite Strecken wenig gepflegten Infrastruktur. Auch ist das Wetter oft feuchtheiß und dunstig und das Meer bräunlich und trüb. Außerdem reduziert es den Spaß gewaltig, sich dem Strandleben nach Geschlechtern getrennt hingeben zu müssen. Daher werden weitere Ziele im Folgenden nur kurz vorgestellt.

Was bei der Fahrt durch Gilan und Mazandaran jedenfalls besuchenswert ist: *Lahijan* (135 D3) *(🗺 E3)* als erste größere Stadt östlich von Rasht. Sie ist Zentrum des Reis-, Bambus- und vor allem Teeanbaus und das hübsche *Teemuseum (tgl. 9 Uhr bis Sonnenuntergang | Eintritt 80 000 Rial)* erzählt die Geschichte des „Grünen Goldes" im Iran. Berühmt und mit seinem Pyramidendach ein Wahrzeichen ist das *Mausoleum des Sheikh Zayed Gilani (ganztägig frei zugänglich)*.

Ramsar (135 E3) *(🗺 F3)*, 70 km weiter östlich, ist vielen Umweltschützern ein Begriff. Denn 1975 wurde dort das weltweite Abkommen zum Schutz von Feuchtgebieten, die Ramsar-Konvention, ausgehandelt. An seine goldene Zeit als Jetset-Treff, die 1979 abrupt endete, erinnert das örtliche Luxushotel (s. S. 101). Das INSIDER TIPP Bergdorf *Javaherdeh* (135 E3) *(🗺 E3)*, 27 km von Ramsar landeinwärts, ist ein ideales Ziel für einen Spaziergang in kühler Höhenluft. Für richtige Bergwanderungen steuern Sie die *Hochebene von Kelardasht* (135 E4) *(🗺 F4)* an, erreichbar über Chalus und von dort südwärts über Marzanabad. Wollen Sie jedoch nur mal kurz per Seilbahn in luftige Höhen entschweben: Solche schnurren in Lahijan, Ramsar und, weiter östlich, in Namakabrud vor sich hin.

MASULEH ● (135 D3) *(🗺 E3)*

Eines der touristischen Vorzeigedörfer des Iran, gut 60 Kilometer westlich. Wen wundert's? Die mehrheitlich von Kurden bewohnte Ortschaft lässt einen, wie sie sich da mit ihren Flachdach-Lehmziegelhäusern in 1100 m Seehöhe an einen bewaldeten Hang schmiegt, tatsächlich gleich zur Kamera greifen. Einen schönen Blick auf den Ortskern hat man bei einem Tee, bei *Dizi* oder *Mirza Ghasemi* vom Holzbalkon des Restaurants *Bamdad (tgl. 13–24 Uhr | Tel. 0911 432 36 39 | €)*. Luxuriös übernachten Sie an der Zufahrtsstraße umgeben von Teefeldern im Hotel *Moein (66 Zi. | Masuleh Road | Tel. 013 34 73 44 58 | €€€)*. In dessen Lobby können Sie INSIDER TIPP pflückfrischen Tee aus der Gegend kaufen.

MUSEUMSDORF GILAN (MUZE-YE MIRAS-E RUSTAIE GILAN)

(135 D3) *(🗺 E3)*

Lehmmauern, Strohdächer, Holzveranden – ein Spaziergang zurück in die gar nicht ferne, beton- und wellblechlose Vergangenheit. Auf einem 300 ha großen Gelände 17 km südlich von Rasht hat man zwei Dutzend historische Gehöfte original mit viel Liebe zum Detail wiederaufgebaut. Authentische Folklore- und Handwerksdarbietungen ergänzen diese Zeitreise. *Sommer tgl. 9–19, Frühjahr 9–18, Herbst und Winter 9–16.30 Uhr | Eintritt 200 000 Rial | an der Straße nach Qazvin | www.gecomuseum.com*

QALEH RUDKHAN (135 D3) *(🗺 E3)*

Eine späte Eroberung: Über Jahrhunderte war die Festung mit ihren mächtigen, von 40 Wachtürmen verstärkten Mauern Rückzugsort der regionalen Regenten und militärisch kaum einzunehmen. Heute dagegen wird die in einem dicht bewaldeten Talschluss versteckte, immer noch beeindruckend große *Ruine (tgl. 8–18.30 Uhr | Zufahrt pro Auto 40 000 Rial)* an Wochenenden von Ausflüglern regelmäßig gestürmt. Und das, obwohl sie nur über einen steilen Weg mit Aberhunderten Stufen erreichbar ist. Also: An Freitagen meiden! *45 km von Rasht über Fuman und Gurabpas*

Besonders gute *Gilaki*-Spezialitäten bietet in Fuman das INSIDER TIPP Restaurant *Monavari* *(tgl. 8–24 Uhr | Abuzar Boulevard | Tel. 0911 722 98 00 | €€)*.

TEHERAN

KARTE AUF DER FALTKARTE
(135 E–F 4) *(F4)* **Klar, die Sensationen – Kronjuwele, Nationalmuseum, Schahpaläste – muss man sehen. Doch das ist in dieser spannenden Wahnsinnsstadt noch lang nicht alles.**

Es stimmt schon, anfangs kann man ganz schön erschrecken: ein Ozean aus Häusern, maß- und grenzenlos, unübersichtlich. Verkehr und Luft – atemberaubend, der Alltag – hektisch und hart. Die 15-Mio.-Metropole ist keine Idylle. Doch bei aller Molochhaftigkeit entdeckt man bei näherem Hinsehen natürlich sehr wohl Lebensqualität und Lohnendes für zwei, drei Extratage in der Megacity: Teheran ist jung, strotzt vor Energie und Kreativität. Die Lokalszene boomt, Galerien, Boutiquen, hypermoderne Shoppingmalls: Vor allem in den nördlichen Bezirken zeigt es sich westlich und weltläufig. Und da ist die Museumslandschaft. Sie birgt neben Spitzensammlungen zu Klassikern wie Teppichen, Glas und Keramik oder Kalligrafie auch eigene Häuser z. B. zur Gegenwarts- oder Filmkunst, zu Themen wie Wissenschaft und Technologie, Zeit, Geld und Frieden. Zugleich hat Teheran viel Grün, durchaus stille Winkel und gleich um die Ecke mit dem Elburs-Gebirge, vom Hausberg Tochal (auf den eine Seilbahn führt) bis zum 5671 m hohen Damavand, ein spektakuläres Revier für Abenteuer und Atempausen in Höhenluft.

CITY WOHIN ZUERST?
Steuern Sie am besten per Taxi oder Metro (Linien 1+2) den verkehrsumtosten **Meydan-e Imam Khomeini *(r4)*** an. Von hier sind es jeweils nur zwei, drei Minuten zu Fuß zu etlichen Highlights: dem Nationalmuseum, dem Golestan-Palast, in den Großen Basar und zum Durchatmen in den Stadtpark.

SEHENSWERTES

Wie bequem, Teheran lässt sich auch auf einer Rundfahrt mit dem Bus kennenlernen. Entweder auf Nostalgietour durch das Stadtherz oder mit der Grand Tour bis hinauf zu den Schahpalästen im Open-Air-Doppeldecker oder im Oldie-Bus; jeweils zwölf Stationen, an denen Sie beliebig aus- und einsteigen können. Tickets für 24 bzw. 72 Std. für ca. 20 bzw. 40 Euro können an Bord gekauft werden oder online per Visa oder Mastercard. *Tgl. 10–18 Uhr im Halbstundentakt | Infotel. 021 88 47 67 60 | www.sightseeingiran.com*

GOLESTAN-PALAST (MAJMUE-YE KAKH-E GOLESTAN) ★ *(r5)*

Willkommen im Versailles, der Hofburg, dem Buckingham Palace der iranischen Monarchie. Schon Schah Abbas I. hat hier nahe dem Großen Basar eine Burg errichten lassen. Doch in seiner heutigen Ausdehnung stammt der Komplex aus dem 19. Jh. Die gesamte Qadscharen-Ära über war er Residenz und Amtssitz des Schahs. Die wichtigsten Trakte, für die man jeweils einzeln Tickets lösen muss, sind der über und über mit Spiegelmosaiken ausgekleidete Empfangspalast, in dem ursprünglich der legendäre Pfauenthron stand; der Sonnen-, der Windturmpalast und, als ältestes Gebäude, der Palast

Blick über den Teheraner Norden, zwischen Taleghani-Park und Elburs

des Marmorthrons. Dessen namensgebendes Prunkstück, das auf einer zum Garten hin offenen Terrasse steht, wurde für eine Reihe von Krönungen genutzt, zuletzt für die von Reza Schah 1926. *Tgl. 9–17 Uhr | Basisticket 150 000, gestaffelt bis max. 940 000 Rial | Panzdah-e Khordad Street | www.golestanpalace.ir | Metro 1 Panzdah-e Khordad*

GROSSER BASAR *(🕮 q–r 5–6)*

Atmosphärisch und architektonisch kann der Bazar-e Bozorg den Renommierbasaren in Isfahan, Shiraz oder Kashan nicht das Wasser reichen. Und anstatt der Einzelkunden und Touristen sind hier die Zwischenhändler König, wird Engrosware herumgekarrt, herrscht hektische Betriebsamkeit. Aber: Mit etwa 30 000 Läden und täglich über 100 000 Beschäftigten ist Teherans Basar der größte des Landes. Geordnetes Tohuwabohu, durchsetzt mit Tee- und Imbissstuben, Moscheen und Heiligtümern. *Sa–Do ca. 8–19 Uhr | Haupteingang südlich des Golestan-Palasts | Metro 1 Panzdah-e Khordad*

JUWELENMUSEUM (MUZE-YE JAVAHERAT-E MELLI) ★ *(🕮 q3)*

Es bleibt einem einfach die Spucke weg. Mit wessen Geld und welchen Methoden diese wahrscheinlich kostbarste Juwelensammlung der Welt zustande kam, will man besser gar nicht wissen. Ganz arglos blenden und verzaubern lassen, lautet die Devise. In den Vitrinen im Hochsicherheitskeller der Nationalbank funkeln Schmuckstücke, Herrschaftsinsignien, aber auch Rohedelsteine in unfassbarer Menge und Pracht. Unter den Highlights: der Darya-ye Nur, 182-karätiges Zwillingsstück zum legendären Londoner Koh-i-noor, diverse Kronen der Qadscharen- und Pahlevi-Schahs sowie ein Globus, auf dessen Untergrund aus massivem Gold mit über 50 000 verschiedenfarbigen Juwelen Kontinente, Meere und einzelne Länder ausgelegt sind. *Sa–Di*

14–16.30 Uhr | Eintritt 200 000 Rial | Ferdowsi Street | Metro 1 Saadi

MILAD-TURM (BORJ-E MILAD) ⁂ (*🗺 0*)

Blickfang Teherans ist seit seiner Eröffnung 2006 der „Turm der Geburt". Die Stahlbeton-Konstruktion ist mit 435 m das höchste Gebäude des Landes, der sechsthöchste Fernsehturm der Welt. Sausen Sie per Expresslift hinauf zur Aussichtsplattform und blicken Sie der 15-Mio.-Stadt ins Auge – gewaltig, beklemmend, faszinierend. *Tgl. 9–23 Uhr | Eintritt 350 000 Rial | Hakim Expressway | Zufahrt nur mit Taxi*

NATIONALMUSEUM (MUZE-YE MELLI-YE IRAN) ★ ● (*🗺 q4*)

Es sind nur ein paar Schritte aus der lauten, grauen Gegenwart unterm ovalen Ziegelbogen des Eingangsportals hindurch in den wichtigsten Schrein der Landesgeschichte. 7000 Jahre und unzählige Völker und Dynastien defilieren darin an Besuchern vorbei, von den frühen Vorfahren der Perser, deren Keramiken in Tier- und Menschengestalt die Vitrinen füllen, bis zu den Achaimeniden, Seleukiden, Parthern und Sassaniden, deren Steinmetzkunst sich in vielen Reliefs und Rundplastiken zeigt. In der Islamischen Abteilung im Nachbargebäude feiern die goldenen Zeiten des mittelalterlichen Kunsthandwerks in Form kostbarster Textilien, Fliesenmosaike, Stuck- und Marmor-, Knüpf- und Schnitz- und Ziselierarbeiten Wiederauferstehung. *Tgl. 9–17 Uhr | Vorislamische Abteilung 300 000, inkl. Islamische Abteilung 500 000 Rial | Tir Street 30 | Metro 1, 2 Imam Khomeini*

NIAVARAN-PALASTANLAGE (MAJMUE-YE KAKH-E NIAVARAN) (*🗺 0*)

Boulevardpresse-Leserinnen jenseits der 60 müssen vor Wonne erschaudern: Da steht man doch tatsächlich vor dem Schminktisch, an dem Farah Diba höchstselbst jeden Morgen ihre berühmte Bienenkorbfrisur auftoupierte. Zwei Räume weiter warten die Kinderzimmer im Stil der Swinging Seventies und unterm selben Dach die Empfangs- und Konferenzsäle, Wohn- und Schlafgemächer des Ehemanns und Papas, Mohammed Reza Pahlevi. Ursprünglich hatte sich der letzte Schah den Niavaran-Palast als Gästehaus der Regierung bauen lassen, ihn dann aber bis zur Revolution selbst mit der Familie als Sommerresidenz genutzt.

Der modernistisch-kantige Bau ist eines von insgesamt 20 Gebäuden, die auf dem 11 ha großen Parkgelände im Nordosten der Stadt stehen. Mehrere von ihnen, darunter der *Sahebgharanieh-Palast* und der besonders reizende *Ahmad-Shahi-Pavillon*, sind als Museen zugänglich. Für einen idyllischen Ausklang im Grünen mit Blick auf Palast und Park: ● ⁂ INSIDER TIPP Café *Karzin* (*tgl. 8.30–22 Uhr, eigener Zugang bis 21 Uhr, aber Palasteintritt zu bezahlen*). *Tgl. 8.30–17 Uhr | Eintritt 150 000 Rial | Niavaran | Metro 1 Tajrish*

POL-E TABIAT ⁂ (*🗺 0*)

Eine solche Fußgängerbrücke hatte die Welt noch nicht gesehen. Die 270 m lange, futuristische Stahlkonstruktion wurde 2014 fertiggeschweißt – der Geniestreich einer jungen Architektin namens Leila Araghian. Sie verbindet in einem riesigen Freizeitgelände im Nordteil der Stadt zwei Parkanlagen über einen vielspurigen Highway hinweg. Auf ihren breiten, mehrstöckigen Wegen und Aussichtsplattformen drängen sich an lauen Sommerabenden die jungen Hauptstadtbewohner, suchen aber auch viele Familien Erholung vom stressigen Alltag. Am westlichen Brückenkopf im ● ⁂ INSIDER TIPP Café-Restaurant *Melal* (*tgl. 7.30–24 Uhr | Tel. 021 88 19 47 00 | €€€*) können Sie von

Korbstühlen unterm Segeldach aus den Blick genießen. *Metro 1 Shahid Haqqani*

ESSEN & TRINKEN

AYARAN (🕮 q3)

Manchmal sind Klischees doch am schönsten. Dieses Kellerlokal erfüllt sie alle: verflieste schöne Gewölbe mit historischen Bildern an den Wänden, Lautenmusik aus dem Lautsprecher, an der Theke ein Samowar, ein Oberkellner mit schlohweißer Mähne und melancholischer Miene, vor allem aber köstliches Essen. Menüfavorit: der würzige Fleischeintopf *Dizi. Tgl. | Ferdowsi Square (Südwestecke) | Tel. 021 66 76 03 26 | Metro 4 Ferdowsi | €€*

INSIDER TIPP DIAMOND CAFÉ (🕮 q2)

Student meets Hipster meets Bohemien. Und alle zusammen genießen den schnörkellos-modernen Schick und die aufgeräumte Stimmung. Kreative Smoothies, Shakes, Salate, Pasta, tolles Frühstück und, klar, famose Kaffees. *Tgl. 7.30–23 Uhr | Fallahpour Street 33 | Tel. 021 88 89 01 96 | Metro 4 Ferdowsi | €€*

MOSLEM (🕮 r5)

So etwas wie die Kantine der Basarhändler: Tausende Gäste werden hier täglich verköstigt. Mit etwas Wartezeit für einen Tisch müssen Sie rechnen. Dafür kriegen Sie, nur zwei Gehminuten vom Golestan-Palast, Lokalkolorit pur und saftige Kebabs oder, als Klassiker des Hauses, *Tah Chin*, gebackenen Reiskuchen mit Safran, Joghurt, Eiern, Hühnchen und Berberitze. *Tgl. 11–18 Uhr | Haj-Rahim-Khan-Gasse neben dem Basarhaupteingang am Sabzeh Meydan | Tel. 021 55 60 22 75 | Metro 1 Pandzdah-e Khordad | €*

Gerne als Flaniermeile genutzt: die Fußgängerbrücke Pol-e Tabiat

EINKAUFEN

AKNOON (🕮 0)

Hier kleiden sich Nord-Teherans stil- und statusbewusste Ladys ein. Kleidung, Schmuck und dazu Wohnaccessoires und Kunstobjekte, modernst, aber doch typisch iranisch designt. *Tgl. 10.30–22.30 Uhr | South Sheykh Bahai Street, ASP Towers | Metro 1 Shahid Hemmat*

ANTIQUITÄTEN *(🗺 r3)*
Samoware, Schmuck, Münzen, Bücher, Nippes: Das alte Antiquitätenviertel an der Manucheri-Straße kann immer noch überraschen. Und ein Schaufensterbummel lohnt sich auf alle Fälle. Trüffelsucher sollten auch in den Hinterräumen stöbern. Aber Achtung, wirklich wertvolle Stücke dürfen nur mit Sondergenehmigung außer Landes. *Östlich der Ferdowsi Street nahe Juwelenmuseum | Metro 4 Ferdowsi*

BEETHOVEN *(🗺 q1)*
Seit den 1960ern Teherans Mekka für Musikfans. CDs und Vinyl zu allen Genres iranischer und westlicher Klangwelten. Kompetente Beratung. *Sa–Do 9–22, Fr 17–22 Uhr | Sanaee Street, Ecke Arabi-Gasse | Metro 1 Haft-e Tir*

INSIDER TIPP **EVIN-BOOKSHOP** *(🗺 o1)*
Ein Minishop als Schatztruhe: landesweit bestes Sortiment an Originalen und Nachdrucken, antiquarisch und neu zu Irans Geschichte und Kultur, viele Raritäten, auch auf Deutsch und Englisch. *Tgl. 10–21 Uhr, wenn geschlossen, einfach anrufen | in der Ladenpassage des Laleh Hotel, neben Teppichmuseum | Dr. Fatemi Street | Tel. 0912 209 06 02 | Metro 3 Dr. Fatemi*

PALLADIUM *(🗺 0)*
Auch wenn sich die vielen hypermodernen Shoppingcenter Teherans von ihren geklonten Geschwistern in Dubai oder Singapur kaum unterscheiden: Durch eines zu streunen komplettiert das Bild der so facettenreichen Megalopole. Dieses ist eines der repräsentativsten: glitzy hoch drei, was das Publikum betrifft, und mit vielen Flagship-Stores und auch Cafés bestückt. *Tgl. 9–23 Uhr | Moqadas Ardabili Street, Zaferanieh | Metro 1 Tajrish*

LOW BUDG€T

Im Teheraner ● *Khaneh Honarmandan* ***(🗺 r1–2)***, dem Haus der Künstler, zeigen acht Galerien spannende Wechselausstellungen *(tgl. 10–mind. 20 Uhr)*. Der Eintritt ist frei. Außerdem gibt es ein vegetarisches Restaurant, ein Café, einen Shop und ein Kino, in dem auch westliche Arthouse-Filme laufen. *Iranshahr Street, Eingang Barforushan Street | Metro 1 Taleghani*

Rund um das Grab des Achten Imam in Mashhad **(137 E4)** ***(🗺 L4)*** soll niemand hungrig sein. Alle, egal ob schiitische Pilger oder neugierige Europäer, werden in einem Restaurant gleich hinterm Eingang verköstigt. Für das Gratismahl brauchen Sie einen der Jetons, die in Hotels, am Flughafen und anderswo verteilt werden.

AM ABEND

DARBAND & AB-O-ATASH-PARK *(🗺 0)*
Weil Khomeinis Erben weltstädtisches Nachtleben weiterhin verhindern, zwei Ausgeh- und Flaniertipps für warme Abende: In Darband (135 F4), einem Tal im äußersten Norden, reihen sich Open-Air-Lokale, wird (fast) open end gegessen und geschmaucht. Das gilt auch für die Food-Courts im Ab-o-Atash-Park (135 F4) zwischen Pol-e Tabiat und Abrisham.

VAHDAT *(🗺 q3)*
Das führende Opern- und Konzerthaus. Trotz postrevolutionär stark eingeschränkten Programms einen Besuch wert, z. B. wenn das Teheraner Symphonieorchester

Das Vahdat-Konzerthaus ist auch Bühne für das Fajr International Music Festival

spielt. *Hafez Avenue | Shariar Street | www.bonyadroudaki.ir | Metro 4 Ferdowsi*

ÜBERNACHTEN

ASIA *(r4)*

Geheimtipp für die, die nicht viel Geld ausgeben möchten – schlicht, aber sehr sauber und zentral, direkt gegenüber der U-Bahn-Station gelegen, überaus herzlich geführt von Vater und Sohn. Hofseitige, ruhige Zimmer verlangen! *20 Zi. | Mellat Street 11 | Tel. 021 33118320 | www.asiahotel.biz | Metro 2 Mellat |* €

FERDOWSI *(q4)*

Unterkünfte im historischen Stadtherz gibt es etliche. Aber in gehobener Vier-Sterne-Qualität nur dieses eine. Hier logiert man rundum sehr komfortabel und professionell umsorgt. Aber der größte Trumpf ist die Lage, nur fünf Gehminuten vom National- und Juwelenmuseum. Und das Büfett-Restaurant *Zeitoun* (auch für Nicht-Hotelgäste) im Untergeschoss ist ausgezeichnet. *204 Zi. | Kushk-e Mesri Street, untere Ferdowsi Street | Tel. 021 66727026 31 | www.ferdowsihotel.com | Metro 1, 2 Imam Khomeini |* €€€

MASHAD *(r2)*

Drei-Sterne-Plus, tadellos in Schuss, äußerst verkehrsgünstig. Im Sommer sehr angenehm: die begrünte Dachterrasse des Restaurant-Frühstücksraums im 6. Stock mit Stadt- und Elburs-Panorama. *120 Zi. | Mofateh Avenue, Ecke Taleghani Street | Tel. 021 88839888 | www.hotel-mashad.ir | Metro 1 Taleqani |* €€

SHAHR *(0)*

Gepflegter Kasten am östlichen Stadtrand, obwohl erst 1995 eröffnet, sympathisch aus der Zeit gefallen mit seinem dezent-neokolonialen Look. Verkehrstechnisch ideal zur Stauvermeidung für Frühstarter in Richtung östlicher Elburs, Firuzkuh-Route oder Mashhad. *110 Zi. | Damavand Avenue | Tel. 021 77700041 | www.shahr-hotel.com | Metro 2 Tehran Pars |* €€

ISFAHAN & DAS ZENTRALE HOCHLAND

***Esfahan nesf-e dschahan*, „Isfahan ist die Hälfte der Welt". Ja, die Bewohner dieser legendären Stadt haben guten Grund, wenn sie den alten Slogan immer noch gerne und stolz zitieren.**

Bei aller Begeisterung für die Unvergleichliche: Das zentrale Hochland, dessen Herz in Isfahan schlägt, hat insgesamt noch viel, viel mehr zu bieten. Seit vor mindestens 2000 Jahren die ersten Kamelkarawanen am Südrand der Großen Salzwüste und der Wüste Lut entlang Richtung Indien bzw. Mittelmeer zogen, haben die Anrainer mit ihnen Geschäfte gemacht. Vom Profit bauten sie eine Reihe von Oasenstädten. Und die, allen voran Kashan, Yazd und Kerman, verdrehen Besuchern mit ihren glanzvollen Basaren, Händlerpalästen und Moscheen aus Lehm heute noch den Kopf. Wie durchtränkt dieses Gebiet mit Geschichte ist, zeigt sich auch bei Fahrten übers Land. Da eine Festungsruine, dort eine verlassene – oder auf Luxushotel getrimmte – Karawanserei, um die Ecke ein Bergdorf, in dem man noch Mittelpersisch spricht.

Und dann ist da noch die Natur: Bergmassive, wie etwa das des Zard Kuh in der Region Kuhrang oder des Karkas-Gebirges südlich von Kashan – 4000 und mehr Meter hoch, in denen Aktive trekken, klettern, biken können. In den Tälern: Oasen, oft noch vergessene Inseln im Fluss der Zeit. Und drum herum die Wüsten. Schier endlos, bedrohlich, Hitzehöllen, aber dank GPS und 4WD auch fantastische Sandkisten für Abenteurer und Orte der stillen Begegnung mit sich selbst.

Bild: Khaju-Brücke über den Zayandeh in Isfahan

Basare, Paläste und Moscheen ohne Ende: In die gleißende Metropole des Kunsthandwerks und die Stadtjuwele am Rand der Wüste

ISFAHAN

KARTE IM HINTEREN UMSCHLAG UND AUF DER FALTKARTE

(139 E3) (*🕮 F6*) **Sehnsuchtsort! Inbegriff persischer Poesie, einer Märchenstadt aus 1001 Nacht. Unter Irans Metropolen ist Isfahan die glänzendste, wahrscheinlich der Höhepunkt jeder Iranfahrt überhaupt.**

Damit kein Missverständnis aufkommt: Mit ihren mehr als 2 Mio. Einwohnern

CITY **WOHIN ZUERST?**
Auf den großen **Imam-Platz (U D–E 2–3)** (***🕮 d–e 2–3***)! Atemberaubende Attraktionen stehen hier im Herzen der Stadt quasi Spalier: Imam- und Lotfollah-Moschee, Ali-Qapu-Palast und der Große Basar. In den Nebenhöfen und Seitengassen gibt's nette Cafés und Läden. Und auch der Palast Chehel Sotun oder die 33-Bogen-Brücke sind ganz nah.

Isfahans Basar: in der Kräuter- und Gewürzabteilung

hat die Metropole am Zayandeh Rud, dem „gebärenden" Fluss, sehr wohl mit der schwierigen Gegenwart zu kämpfen. Verkehrsstaus, Smog aus den Schloten riesiger Stahl- und Petrochemiefabriken und das Umland, früher eine sattgrüne Obst- und Gemüsekammer, heute arg zersiedelt, seine Wahrzeichen, die so fantasievoll designten Taubentürme: entvölkert. Immer öfter passiert das Undenkbare, dass die Lebensader über Monate versiegt, weil man am Oberlauf Wasser für andere durstige Städte ableitet. Aber vom Verblassen dieses Stadtjuwels kann keine Rede sein. Im Gegenteil: Reihenweise werden Moscheen, Paläste, ganze Straßenzüge renoviert. Vor allem rund um den Imam-Platz und im Armenierviertel haben Jungunternehmer viele Cafés und schicke Läden eröffnet. Dort und auf der *Chahar-Bagh-Allee*, der zentralen Shoppingmeile, in den kilometerlangen Parks am Fluss und, Wasserstand hin oder her, auf den historischen Brücken wogt speziell an Sommerwochenenden das pralle Leben. Da wird bis spätnachts gepicknickt, flaniert, geflirtet.

Der Charme Isfahans liegt aber auch in seiner kulturellen Vielfalt und historischen Tiefe. Obwohl aus der Frühzeit vor 2000 Jahren kaum ein Gebäude mehr steht: Man spürt die Wurzeln – im ehemals jüdischen Viertel Dschubare ebenso wie im mittelalterlichen Stadtkern, wo Avicenna, ja, der Arzt aus Noah Gordons „Medicus", Kranke heilte und Philosophie betrieb. Auch im Christenbezirk Neu-Jolfa oder auf dem frühislamischen Friedhof Takht-e Foulad weht der Geist großer Geschichte. Und im Angesicht der grandiosen, mit glänzenden Fliesenteppichen überzogenen Moscheen, die um 1600 unter den Safawiden erbaut wurden, sowieso.

SEHENSWERTES

FREITAGSMOSCHEE (MASJED-E JAME)

★ (U E–F1) (*🗺 e–f1*)

Warum nicht gegen den touristischen Mainstream schwimmen? Alle stürmen

sie gleich nach der Ankunft zum Großen Platz und zum Fluss. Gehen Sie es lieber unorthodox an, starten Sie die Besichtigungstour dem Werdegang Isfahans chronologisch folgend in seinem 1000-jährigen, spirituellen Herz.
Die alte Freitagsmoschee bildete den Nabel der mittelalterlichen Stadt und war im frühen 12. Jh. der Prototyp einer Vier-Iwan-Anlage – jenes Moscheemodells, bei dem an jeder der vier Seiten des Innenhofs ein offenes Tonnengewölbe steht. Beim Rundgang durch den 30 000 m² großen Komplex kann man wie an den Ringen eines alten Baums die verschiedenen Wachstumsphasen ablesen. Gebetssäle mit erhabenen schmucklosen Säulenwäldern, monumentale Kuppelhallen, nicht weniger beeindruckende Iwane, mit Ziegelornamenten oder vielfarbigen Fayencen verziert: Man hat das Gefühl, durch eine dreidimensionale Stilfibel für islamische Sakralarchitektur zu wandern. Der Höhepunkt der Ausstattung ist im Gebetsraum rechts vom Westiwan zu sehen. Der *Mihrab* des Oldschaitu ist eine äußerst fein aus Stein ziselierte Gebetsnische, die dem mongolischen Herrscher vor 700 Jahren anzeigte, wo Mekka liegt. Hilfreiche Einführung in die Baugeschichte und einen Überblick geben die Schautafeln und das 3D-Modell gleich rechts beim Kassenschalter. *Tgl. 9–12, 14–18 Uhr | Eintritt 200 000 Rial*

GROSSER BASAR (BAZAR-E BOZORG)

(U D2–E 1–2) (*🕮 d2–e 1–2*)
Früher spielte auf seinem Balkon zweimal täglich ein kleines Orchester wie eine musikalische Uhr. Das ist lange her. Doch als Trichter, der einen in Isfahans Basar, diese uralte Wunderwelt des Konsums, geradezu hineinsaugt, fungiert das *Naqqarkhane* (Trommelhaus), der hohe Portalbau an der Nordseite des

MARCO POLO HIGHLIGHTS

★ Freitagsmoschee von Isfahan
Seit 1000 Jahren Mittelpunkt der Stadt – Gipfel der Erhabenheit
→ S. 50

★ Imam-Platz in Isfahan
Der große, von Basaren und Moscheen gesäumte Platz ist ein städtebauliches Weltwunder
→ S. 52

★ Basar von Kashan
Kunterbunt, lebendig und uralt: eines der schönsten Shoppinglabyrinthe des Iran → S. 60

★ Fin-Garten
Der königliche Garten bei Kashan ist eine der letzten klassisch-persischen Parkanlagen ihrer Art → S. 61

★ Abyaneh
Mit seinen Terrassenhäusern aus Lehm ist Abyaneh Irans Vorzeigedorf schlechthin → S. 63

★ Kalouts
Irans Antwort auf das Monument Valley ist ein Traum für Wüstenfans
→ S. 65

★ Fatemeh-Masumeh-Heiligtum
Der goldene Schrein fasziniert als Brennpunkt schiitischen Glaubens in Qom → S. 67

★ Altstadt von Yazd
Yazds Altstadt aus Lehm steht schon seit Langem auf der Unesco-Welterbeliste → S. 69

Imam-Platzes, nach wie vor. Die *Qaiseriye* dahinter, die „kaiserliche" Hauptachse des Basars, bildet gemeinsam mit den Ladengassen rund um den Platz immer noch die Schaumeilen iranischen Kunsthandwerks. In dem sich anschließenden kilometerweiten Labyrinth, all den Gässchen, Kaufhallen, Karawansereien hat wie schon immer jede Branche ihr eigenes Revier, Eisen- und Kupferschmiede, Färber, Fliesen-, Schuh- und Samowarmacher. Gleich am Ende des ersten Quergässchens kann man Stoffdruckern bei der Arbeit mit ihren Holzstempeln über die Schulter schauen. Eine spezielle Wallfahrt der Sinne, Wolle, Seide, Staub und Farbmuster über Muster, verspricht in der Nordwestecke der Teppichbasar.
Bevor man sich in dem Gassengeflecht endgültig verliert, sollte man das INSIDER TIPP *Assarkhaneh Shahi (Sa–Do 8–14 Uhr | Eintritt 200 000 Rial)* ansteuern. Die ehemalige Ölpresse, ein hohes, düsteres Gewölbe, beeindruckt mit ihren wuchtigen Mahlsteinen, früher von Kamelen bewegt, und aus ganzen Baumstämmen gezimmerten Presshebeln. *Basarläden Do, Fr meist geschl.*

HAMMAM ALI GHOLI AGHA

(U C1 *(🕮 c1)*

Einmal waschen, schwitzen und durchkneten, bitte. So hieß es in diesem Badehaus 300 Jahre lang. Inzwischen hat man seine weitläufigen, kunstvoll verfliesten und bemalten Räumlichkeiten restauriert und in ein Museum für Badekultur verwandelt. Wachsmodelle veranschaulichen die uralte Wellnessprozedur, vom Anlegen des Lendenschurzes und Hautschrubben mit Heißwasser bis zum Massieren, Enthaaren und entspannten Teeschlürfen. *Sa–Do 8.30–14.30, 15.30–18, Fr 9–13, im Winter 8–13.30, 14.30–17 Uhr | Eintritt 120 000 Rial | Bid Abadi Street*

IMAM-PLATZ / GROSSER PLATZ (MEYDAN-E IMAM) ★

(U D–E 2–3) *(🕮 d–e 2–3)*

Wen da nicht die Begeisterung packt, der muss ein emotionaler Kühlschrank sein: 560 m lang und 160 m breit ist der Meydan-e Imam. Weltweit sind nur Pekings Tian'anmen und der Zócalo in Mexiko City noch größer. Aber lange nicht so schön. Denn als Schah Abbas I. vor 400 Jahren diesen Riesenplatz anlegte, ließ er ihn nicht nur rundum mit doppelstöckigen Arkaden einrahmen. Er setzte auf jeder Seite mit einem ganz besonderen Baujuwel noch einen drauf.
Wenn Sie irgendwann genug zwischen Rasen- und Wasserflächen umherflaniert und gestaunt haben und dabei, Vorsicht!, den Droschkenfahrern, die wie wild um den autofreien Platz düsen, erfolgreich ausgewichen sind, knöpfen Sie sich die Attraktionen einzeln vor.

LOW BUDG€T

In der hochheiligen Stadt Qom **(139 D1)** ***(🕮 F5)*** gibt's abends sowieso kaum was zu tun. Da kommt ein **Flohmarkt** gerade recht: Täglich von 23 bis 1 Uhr kann man auf der Freifläche zwischen Astaneh-Platz und Askari-Moschee preiswerten Krimskrams und Kunsthandwerk erstöbern.

Normalerweise muss man für so viel Schönheit Eintritt zahlen. Doch die **Moschee Agha Bozorg** *(tgl. 10–15 Uhr | nahe Fazel-e Naraghi-Straße)* in Kashan **(139 E2)** ***(🕮 F5)*** ist frei zugänglich. Wohl weil in ihr, Frauen bitte Respektabstand halten!, auch eine Koranschule betrieben wird.

Auf dem riesigen Imam-Platz vor der Lotfollah-Moschee wäre für Sie noch ein Fleckchen frei

Als Erstes am besten die an der Südfront alles überragende *Imam-Moschee*. 18 Mio. Ziegel und 500 000 farbige Fayencefliesen wurden für diesen Kolossalbau verwendet. 54 m ist die Hauptkuppel innen hoch und ihre Akustik phänomenal – stellen Sie sich genau in die Mitte und probieren Sie es doch mal mit einem Zungenschnalzer oder Knittern einer Banknote aus! Um die Gebetsnische, wie es der Koran vorschreibt, exakt nach Mekka zeigen zu lassen, hat der Architekt die ganze Anlage aus der Platzachse raffiniert um 45 Grad nach Süden hin gedreht. Seien Sie nicht enttäuscht, wenn der große Innenhof mit Zeltplanen verhängt ist. Das Gerüst schützt die Gläubigen so beim Freitagsgebet vor dem Sonnenstich. Im linken Nebenhof, früher eine Koranschule, treffen Sie mit etwas Glück auf einen Mullah. Sprechen Sie ihn ruhig auf Englisch an. Er ist es gewohnt, weil dafür abgestellt, mit wissbegierigen Gästen in Dialog zu treten.

Die kleine Schwester der Imam-Moschee ist die einst von Schah Abbas privat genutzte *Lotfollah-Moschee* an der Ostseite. Was ihr im Vergleich an Größe fehlt, macht sie mit Anmut mehr als wett. Sie gilt als eine der schönsten, wenn nicht die schönste Moschee der Welt. Spätestens wenn Sie innen unter der Kuppel stehen und Ihre Halswirbel vor lauter Hochschauen knacken, verstehen Sie, warum. Dieses Licht, diese Farben! Harmonie in Vollendung. *Beide Moscheen tgl. 9–16.30 Uhr, außer während der Gebetszeit | Eintritt 200 000 Rial*

Weltliche Pracht wartet direkt gegenüber: Die sechs Stockwerke des *Königspalasts Ali Qapu (tgl. 9–16.30 Uhr | Eintritt 200 000 Rial)* hinaufzusteigen ist etwas mühsam. Aber das Musikzimmer am oberen Ende der Treppe mit seinen beschnitzten Nischenwänden und mehr noch der Panoramablick von der Terrasse lohnen das bisschen Schweiß. Sehen Sie unten an den Stirnseiten des Platzes die Marmorpfosten? Es sind die Torstangen für das früher in Persien populäre Polospiel, das der Schah von hier oben so gerne verfolgte.

JOLFA (U A–D6) *(🕮 a–d6)*
Um 1600 holte Abbas I., der mächtige Langzeitherrscher der Safawiden-Dynastie, Zehntausende armenische Christen aus Jolfa an der heutigen Nordwestgrenze nach Isfahan. Sie mussten ihm beim Ausbauen und Verschönern der neuen Hauptstadt helfen. Ihr Wohnbezirk südlich des Flusses hat sich in den letzten Jahren mit schicken Restaurants und Cafés zu einem Szeneviertel gemausert. Hierher zu kommen lohnt aber auch wegen der Kirchen. Die wichtigste ist die Anfang des 17. Jhs. erbaute *Vank-Kathedrale (tgl. 9–17 Uhr | Eintritt 150 000 Rial)*. Außen vergleichsweise schlicht, ist sie innen komplett mit biblischen Bildern ausgemalt. Lehrreich, wenn auch in der Abteilung 20. Jh. deprimierend, das zugehörige *Museum zur Geschichte der Armenier (Sa–Do 9–12.30 und 14–18, im Winter 8.30–12 und 14–17 Uhr | Eintritt 200 000 Rial)*.

Mit Kuppel, aber keine Moschee: Armenische Christen bauten sich die Vank-Kathedrale

KHAJU-BRÜCKE (POL-E KHAJU) UND 33-BOGEN-BRÜCKE (SI-O SE POL)
Selbst wenn der Fluss wieder mal ausgetrocknet sein sollte: Isfahans historische Brücken sind ein Muss – klar, weil sie mit ihren fliesenverzierten Arkaden und geziegelten Pfeilern wunderschön aussehen. Mehr aber noch, weil sie ein Ort der Begegnung sind, wo man vor allem an Freitagen Jung und Alt in Massen beim Bummeln trifft, immer bereit für einen Plausch mit Fremden. Fast unmöglich, hier als Ausländer nicht spontan neue Freunde zu finden.
Ein Prachtexemplar von einer Brücke ist *Si-o Se Pol* (U C5) *(🕮 c5)*, die 33-Bogen-Brücke in der Verlängerung der Chahar-Bagh-Allee; die schönste aber, 1 km

flussabwärts, *Pol-e Khaju* (U E6) (*e6*). Menschen beobachten, Kontakte knüpfen, am südlichen Ende unter den Bögen am Wasser den Sängern und Musikanten lauschen ... Fehlt nur noch, dass an diesem zauberhaften Ort ein Tee- oder Kaffeehaus aufmacht. Aber auch das werden die strengen Behörden irgendwann erlauben.

MONAR JONBAN & ATASHGAH

(0) (*0*)

Im Vorort Karladan, 7 km westlich des Stadtzentrums, stehen in einem Föhrenwäldchen die „schwankenden Minarette". Sie sind Teil eines 700 Jahre alten Grabbaus für einen weisen Einsiedler und eine Kuriosität, nicht mehr und nicht weniger. Rüttelt man im Treppenhaus an einem der beiden Ziegeltürmchen, gerät das andere in Schwingung. Das Phänomen, das wohl auf einer verborgenen Verbindung durch Holzbalken beruht, bekommt man zu fixen Zeiten vorgeführt. *Tgl. 9–16.30 Uhr | Eintritt 200 000 Rial*

Spannend ist, 3 km weiter, der Aufstieg zum *Atashgah*, einem festungsartigen Feuertempel aus sassanidischer Zeit. Der Weg auf den Felshügel ist recht steil (feste Schuhe!), doch die Aussicht und antike Aura des Ortes sind die Mühe wert. *Tgl. 9–16.30 Uhr | Eintritt 150 000 Rial*

INSIDER TIPP MUSIKINSTRUMENTE-MUSEUM (0) (*0*)

Dieses noch sehr junge Privatmuseum öffnet Augen und Ohren für die bunte Klangwelt iranischer Musik. *Tar, Tombak* (Trommel), *Kamantsche* (Violine), *Satur*... Mehr als 300 Instrumente sind allein schon den nicht ganz niedrigen Eintrittspreis wert. Zum großen Vergnügen wird der Besuch, weil die Betreiber Mehrdad und Shahriar, zwei passionierte Musiker, persönlich die Führung übernehmen und am Schluss ein kleines Konzert geben. *Tgl. 9–13 und 15.30–21 Uhr | Eintritt 300 000 Rial | Mehrdad Street 74 | www.isfahanmusicmuseum.com*

VIERZIG-SÄULEN-PALAST (CHEHEL SOTUN) (U D3) (*d3*)

Von den vielen profanen Prunkbauten aus der Blütezeit Isfahans im 17. Jh. wurden die meisten von Erdbeben, Eroberern und Stadtplanern ruiniert. Unter den wenigen noch stehenden ist dieser Audienzpalast der prachtvollste. Die kolossalen Wandbilder der Haupthalle zeigen wichtige Schlachten gegen die Osmanen, Inder und Usbeken. Und auch Festbankette, die beweisen, wie schwelgerisch und wenig prüde es am persischen Hof zuging. Zum Durchatmen schlendern Sie durch den herrlichen Garten und nehmen dort im schattigen *Chaikhaneh* einen Tee. Eine Preisfrage noch: Wieso heißt die Anlage eigentlich Vierzig-Säulen-Palast? Erraten: Weil sich die 20 Zedernholzsäulen, die das Flachdach über der Thronterrasse stützen, im Wasser des großen Bassins spiegeln. *Tgl. 9–16.30 Uhr | Eintritt 200 000 Rial*

ESSEN & TRINKEN

ABBASI-TEEHAUS (IM ABBASI-HOTEL)

(U C4) (*c4*)

Selbstverständlich kann man im Rolls-Royce unter den Isfahaner Hotels pompös tafeln. Auch gibt es, erschwinglicher, ein gutes Büfettrestaurant (*€€€*) und einen Coffeeshop. Ein Tipp, um mit Stil, aber kostengünstig satt zu werden: Im Teehaus im Garten der 400 Jahre alten Ex-Karawanserei kriegen Sie, am schönsten im Sommer unter freiem Himmel, für wenige Euro eine Riesenschüssel *Ash-e Reshte* aufgetischt, dicke, leckere Nudelsuppe mit Dill, Bohnen und Kichererbsen. *Tgl. 17–22.45 Uhr | Amadegah Street | Tel. 031 32 22 60 10 | www.abbasihotel.ir | €€*

INSIDERTIPP **ARABO SANDWICH**
(U A6) (*a6*)
Die Nummer-eins-Adresse im Armenierviertel für den Hunger zwischendurch: Am Verkaufstresen geht's oft hektisch zu. Und verzehren kann man die brötchenartigen Rundlaibchen nur draußen im Stehen. Aber die Füllungen sind nicht zu toppen. Roastbeef, Hühnchen, Speck (!), Salami, Salate und, und, und – sehr lecker und macht satt. *Tgl. | Straße an der Vank-Kathedrale* €

ASEMAN (U A5) (*a5*)
Satt essen werden Sie sich auf jeden Fall bei dem, was das wirklich tolle Büfett bietet. Nur satt sehen werden Sie sich nicht: Das 360°-Stadtpanorama vom Drehrestaurant im 13. Stock des gleichnamigen Hotels ist wundervoll, wenn auch, kein Wunder, alles andere als umsonst zu haben. *Tgl. | Motahari Street, Felezi-Brücke | Tel. 031 32 35 41 41* | €€€

AZADEGAN (U E3) (*e3*)
In einem Serailhof im Nordosten des Imam-Platzes versteckt, wirkt dieses rauchige, mit Krimskrams vollgeräumte *Chaikhaneh* wie eine Ganovenkneipe. Doch es ist eine harmlose Höhle. Im Vorderteil schmauchen Männer Wasserpfeifen, im Hinterraum schlürfen Familien und Touristen Tee und verkleben sich mit süßem Naschwerk Zähne und Magen. Ein Erlebnis. *Tgl. 9–20 Uhr | Haj Mirza Alley, nördlich der Hafez Street* | €

BASTANI (U E3) (*e3*)
Wegen hoher Reisegruppen-Frequenz nicht gerade eine Oase der Ruhe. Doch das Büfett ist gut und üppig; der eigentliche Grund, hier vor Anker zu gehen, ist aber die Ausstattung. Die mit Malereien, Fliesen und Spiegelsplittern verzierten Wände sind ein schöner Anblick. Fassen Sie sich ein Herz und tafeln Sie wie die Einheimischen auf den Teppichbetten im Innenhof. *Tgl. 11–23 Uhr | Naqsh-e Jahan 15, Basargasse nordöstlich der Imam-Moschee | Tel. 031 32 20 03 74* | €€

MALEK SOLTAN JARCHI BASHI
(U D2) (*d2*)
Ein 400 Jahre altes Badehaus, aufwendig saniert und nun ein Schmuckstück von einem Restaurant. Unter feinst bemalten Gewölben, zwischen verfliesten Wänden und Wasserbecken kostet man sich durch die klassischen Spezialitäten, live begleitet von *Kamantsche* und *Tombak*. *Tgl. | Bagh-Ghalandarha-Gasse, Hakim Street | Tel. 031 32 20 74 22 | www.jarchibashi.ir* | €€

MIKHAK (U E2) (*e2*)
Auf Sightseeingtour am Großen Platz und plötzlich knurrt der Magen? Bitte schön: die ideale Kalorientankstelle. Herzhafte Kebabs, *Koresht* und Hühnchen mit Reis zu Spottpreisen. Kein Wunder, dass es jeden Mittag von Basarhändlern gestürmt wird. *Tgl. | Haj Mirza Alley, nördlich der Hafez Street | Tel. 031 32 22 32 91* | €

EINKAUFEN

BAZAR-E HONAR (U C–D4) (*c–d4*)
Klar, Hauptreviere für Souvenirjäger sind unbestritten die Ladengassen rund um den Großen Platz. Doch wer Gold, Schmuck und feines Kunsthandwerk sucht, findet auch in dieser 400 Jahre alten, mehr als 200 m langen Basarhalle an der Nordseite des Abbasi-Hotels reihenweise seriöse Läden mit tollem Sortiment. *Sa–Do ca. 9–20 Uhr*

FOTOWAT
Miniaturmaler gibt es viele, aber nur wenige wahre Könner der alten Schule. Einer von ihnen ist Mostafa Fotowat. Seine Stadtansichten, Stillleben und poetischen

Liebesszenen sind echte Kunstwerke. Verkaufsateliers: *Poshtmatbakh Street/ Imam Square* (U D3) *(🕮 d3); Amadegah Street neben Safir Hotel* (U D4) *(🕮 d4) | www.fotowatminiaturist.com*

FREIZEIT & SPORT

Entschweben Sie doch mal, 8 km südlich des Zentrums, per Seilbahn auf den Hausberg *Sofeh* (0) *(🕮 0)*. Oben warten schöne Rundwanderwege und eine Traumaussicht. Mit ein wenig Schwindelfreiheit und festen Schuhen können Sie auch die 400 Höhenmeter zum Gipfel (2257 m) hochsteigen, und am Schluss kehren Sie im Panoramarestaurant *Zagros (tgl. 12–16, 20–23 Uhr | Tel. 031 95 01 60 01, Fensterplätze vorab reservieren! | €€)* ein.

Zum Durchatmen im Tal: ein Spaziergang durch Isfahans grüne Lunge, den *Nazhvan-Park* (0) *(🕮 0)*, der sich mit dem Besuch des benachbarten *Vogelparks (tgl. 8–18, im Winter 8–16.30 Uhr)* und des neuen *Meeresaquariums (tgl. 9–19 Uhr)* aufpeppen lässt. *Eintritt je 180 000 Rial | beide: Olfat Street*

Schwingen Sie sich auf ein Leihfahrrad und rollen Sie flussauf- und -abwärts INSIDER TIPP kilometerweit das grüne Ufer entlang *(Bike Rental | Neshat Street, Nik Building | Tel. 031 32 20 76 97 oder 0913 288 58 89 | 1 Std. ab 150 000 Rial, Reisepass als Pfand zu hinterlegen).*

AM ABEND

ARC A (0) *(🕮 0)*

Altes Händlerhaus, zum modernen Szenetreff aufgepimpt: mit eleganten Speisesalons und großer Open-Air-Innenhofterrasse, persischer Kreativküche mit mediterranem Touch, tollen Salaten, originellen Menüs Marke „Modern Dizi", „Modern Biryani" oder Burgervariationen.

Mit der Gondel auf den Sofeh

Jugendlich-schickes Publikum. *Tgl. 9–23 Uhr | Jolfa | Gasse an der Vank-Kathedrale | Tel. 0913 303 03 85 | €€€*

ZURKHANEH

Zwei Adressen, um die kuriosen Keulenschwinger beim Training zu erleben: *Ali Qoli Agha-e* (U C1) *(🕮 c1) (Masjed Seyyed Street, hinter Ali Gholi Bazar)* und *Pahlavan Rahim* (U D1) *(🕮 d1) (Sonbolestan Alley, Ebnesina Street, Shohada Square). Aufführungen Sa–Do jeweils abends, Fr spätvormittags | Eintritt 100 000 Rial*

ÜBERNACHTEN

ALI QAPU (U C4) *(🕮 c4)*

Gehobenes Wohnen an der zentralen Flanier- und Shoppingallee, drei Gehminuten vom Fluss, keine zehn vom Großen Platz. Großer Indoorpool plus Sauna und hauseigener Italiener mit feinen Pizzas und Pastagerichten. *105 Zi. | Chahar Bagh Avenue | Tel. 031 32 22 79 29 | www.aliqapuhotel.ir* | €€€

AMIR KABIR (U C2) (*c2*)
Führende Backpacker-Adresse Isfahans mit erfrischender Multikulti-Gästemischung. Rundumservice von Geldwechsel und Wäscherei bis Airport-Shuttle und Bus-, Zug-, Flugticketverkauf. Schlicht, aber sauber, eigener Parkplatz, Frühstück im schattigen Innenhof. *32 Zi. | nördliche Chahar Bagh Avenue | Tel. 031 32 22 72 73 | mrziaee@hotmail.com* | €

ATIGH (0) (*0*)
Historisches, mit Geschmack restauriertes Händlerhaus in der nördlichen Altstadt, sehr wohnlich mit zwei großen Innenhöfen, feinem À-la-carte-Restaurant auch für Auswärtsgäste und drei original möblierten Luxussuiten. *20 Zi. | Masjed Shams Alley 30, 37. Alley, Ebnesina Street, Shohada Square | Tel. 031 3 44 53 32 89* | €€

EBN SINA (0) (*0*)
Na sowas: ein Hotelchef, der eigenhändig alle Innenwände kunstvoll verziert hat und jedem Gast eine Blume malt. Die Zimmer selbst sind schlicht, aber in Ordnung und haben alle ein eigenes Bad/WC. Der große Trumpf ist die INSIDER TIPP schattige Dachterrasse mit Vogelvoliere, Tee-/Kaffee-Ausschank und Traumpanorama über die Moscheenlandschaft bis zum Sofeh-Berg. *80 Zi. | 37. Alley, Ebnesina Street | Tel. 0913 4 08 25 57 | www.ibnesinahotel.com* | €

IRAN (U C3) (*c3*)
Betört von der Eleganz dieses Hauses wird wohl kein Gast zurückbleiben. Aber das Personal ist supernett, die Hygiene völlig ok, das Frühstück überdurchschnittlich und die Lage um die Ecke der Chahar-Bagh-Allee zentral und doch ruhig. *18 Zi. | Sepahan Alley 26 | Tel. 031 32 20 26 92* | €

SHEYKH BAHAEI (U C4) (*c4*)
Zeitgemäß und sehr schick ausgestattet, professionell geführte Location: leise und am Puls des Geschehens, in einer Seitensackgasse der Flanier- und Shoppingmeile Nummer eins. Feines Restaurant, ebensolches Frühstück mit Panoramablick auf der Dachterrasse. *52 Zi. | Sheykhbahaei Street 4 | Tel. 031 32 20 77 14 16 | www.sheykhbahaeihotel.com* | €€€

ZIELE IN DER UMGEBUNG

CHELGERD UND DAS KUHRANG-GEBIET (139 D3) (*E6–7*)
Willkommen in der Welt der grünen Hochtäler und 4000er-Gipfel. Aus der Region von Kuhrang zu Füßen des Zard-Kuh-Bergmassivs, gut 100 km westlich von Shahr-e Kord (und gut 200 von Isfahan), stammen über zehn Prozent von Irans Süßwasserreserven. Überall quillt und sprudelt es, die Luft erfrischt auch im Hochsommer – ein Sportparadies für jede Jahreszeit. Zu Recht beliebte Ausflugsziele sind die beiden Hauptquellen des Zayandeh Rud nahe dem Ort Chelgerd: *Cheshmeh Dimeh* und die vor 400 Jahren von genialen Ingenieuren in einen Tunnelkanal gefasste *Kuhrang-Quelle*. Die Blütezeit der Kaiserkronen Ende April/Anfang Mai, wenn die Wiesenhänge wie tiefrote Teppiche leuchten, ist von besonderem Zauber. Ein Abenteuer verspricht INSIDER TIPP die Fahrt im 4WD in das Bergdorf *Sar-e Agha Seyed* (Erlebnistour 3, S. 110) – wegen der Schneemassen aber erst ab ca. Ende April.

Ein idealer Standort ist das gemütliche *Hotel Kuhrang* in Chelgerd *(30 Zi. | Tel. 0912 1144030 | info@koohranghotel.com | €€)*. Dessen deutschsprachiger Chef organisiert Begegnungen mit Nomaden, mehrtägige Wanderungen komplett mit Gepäcktransport, auch Pferdetrekking, Rafting, geführte Klettertouren und im Winter Touren auf Skiern. Er hilft auch beim Buchen von Geländewagen und schnürt Gesamtpakete für Naturreisen durch die Provinz. Skipiste mit Lift vor der Haustür, Geräteverleih gratis.

NAIN (139 F3) *(G6)*
Ein uraltes Oasenstädtchen ungefähr auf halbem Weg zwischen Isfahan und Yazd. Teppichfans rühmen seine Meisterknüpfer, Steinegucker staunen über die mehr als 1000-jährige *Freitagsmoschee* und steigen auch die steile Treppe in deren *Wintergebetssaal (tgl. 9–20 Uhr | Eintritt 100 000 Rial)* hinab. Apropos Unterwelt: Im Vorort *Mohammadiyeh* weben ein paar betagte Männer noch die traditionellen Aba-Umhänge der Mullahs aus Kamelhaar und freuen sich in ihren Höhlenwerkstätten über Besuch. Im selben Ort können Sie INSIDER TIPP fast 30 m unter der Erde eine *Rigareh*-Wassermühle samt intaktem *Qanat*, dem handgegrabenen Zuleitungskanal, inspizieren *(Schlüsselwart und Guide erreichbar unter Tel. 0913 3233109 | Eintritt 100 000 Rial)*. Tadellos essen und auch schlafen lässt sich im örtlichen *Tourist Inn Hotel (Tel. 031 46253088 | €)*.

VARZANEH (139 F3) *(G6)*
Die Kleinstadt am Unterlauf des Zayandeh Rud, gut 100 km östlich von Isfahan, lockt in erster Linie mit Sanddünen, Salzseen, Sümpfen, kurz: landschaftlich spektakulärer Umgebung. Sie selbst ist aber auch nicht ohne. Sie besitzt eine schöne Freitagsmoschee, traditionsreiche Werkstätten für Teppiche und seidene Tischwäsche, ein Prachtexemplar von einem Taubenturm. Außerdem eine uralte hölzerne Getreidemühle, in der noch ein Kamel seine Runden dreht, sowie, besonders archaisch, einen von Buckelrindern betriebenen INSIDER TIPP Schöpfbrunnen. *Eintritt je Attraktion 50 000 Rial*
Sehr nett nächtigen Sie im Gästehaus *Chapaker (12 Zi. | Tel. 0913 2030096 | khalilivarzaneh@gmail.com | €)*. Betreiber Reza Khalili ist Naturschützer mit Leib und Seele und weiß viel zu erzählen.

Tierische Hilfe beim Wasserholen in Varzaneh

KASHAN

(139 E2) *(F5)* **Kashan (500 000 Ew.) wird oft unterschätzt und nur als Durchgangsstation gesehen. Doch die Stadt hat Charme und bietet, das Umland eingeschlossen, Erlebenswertes für mindestens zwei, drei Tage.**

Zwei Glanzpunkte ziehen die Blicke vor allen anderen auf sich: der fantastische Basar und die Wohnpaläste, die sich superreiche Händler im 19. Jh. in einem Bezirk ein Stück westlich davon hingestellt haben.

Shoppingcenter à la Iran: die Kaufhalle Timche Amin-od-Dowleh

Reich haben Handel und Handwerk diese uralte Stadt an der Seidenstraße aber schon viel früher gemacht. Berühmt für ihre Textilien, Fliesen und das Rosenwasser, hat sie sich auch prächtige Bäder, Moscheen und Koranschulen geleistet. Gar nicht zu reden von ihrem königlichen Garten, dem schönsten des ganzen Iran. Und mit der Dasht-e Kavir, der Großen Wüste, im Norden und dem „Geiergebirge" (Kuh-e Karkas) im Süden besitzt sie auch den spektakulären Landschaftsrahmen für Tagesausflüge in die Natur.

SEHENSWERTES

BASAR ★

Kashans Basar schillert und verführt wie nur wenige andere alte Handelszentren im Land. Schauen, tasten, schnuppern ohne Ende. Ein Ziel beim ansonsten ziellosen Bummeln muss die *Timche Amin- od-Dowleh* sein, eine 150 Jahre alte Kaufhalle mit drei komplett verfliesten Kuppeln, die einen sprachlos staunen lässt. Architektonisch auch nicht von schlechten Eltern ist die direkt angrenzende *Timche Hossein-e Bakhshi*. Dort, neben dem Kellercafé *Malek (tgl. 9–13, 16–21 Uhr)* mit nettem Betreiber und frisch gebrühtem Kaffee (!), führt eine INSIDER TIPP Treppe auf das Basardach. Der 360°-Blick auf die Dächer- und Kuppellandschaft aus Lehm: ein Erlebnis für sich. *Basar Sa–Do ca. 7.30–20 Uhr*

FIN-GARTEN (BAGH-E FIN) ★ ●

Der großzügig und kunstvoll gestaltete Garten ist eine der schönsten Schöpfungen altpersischer Kultur. Die Überlieferung sagt: Ein Abbild des Paradieses auf Erden soll er sein, mit vier Toren, symmetrisch gegliedert durch Wasserkanäle und kunstvoll bepflanzt. Dieser, 6 km südwestlich des Stadtkerns, ist das am besten erhaltene Exemplar im Land – klassisch gestaltet mit Zypressenalleen und luftigem Pavillon in der Mitte. Eine kristallklare Quelle, Schatten, Kühle: Hier herumzuschlendern tut gut. Bloß nicht an Feier- und Freitagen, wenn sich Tausende Ausflügler aus Teheran auf die Zehen steigen. *Tgl. 9–17 Uhr | Eintritt 200 000 Rial*

HAMMAM SULTAN AMIR AHMAD

Ein Traum aus Türkis und Stuck und Gold. In solch einem Bad schrubbte man sich den Alltag nicht nur von der Haut, sondern auch aus dem Sinn. 1000 m^2 ist der Komplex groß, inzwischen ein Museum und sein Sahnehäubchen das von vielen Kuppelchen bekrönte Dach. *Tgl. 8 Uhr bis Sonnenuntergang | Eintritt 150 000 Rial, Kombiticket mit Händlerhäusern | Alavi Street*

HÄNDLERHÄUSER

Persiens Ottos und Oetkers und Albrechts waren im 19. Jh. fast alle in Kashan daheim. Mit dem Geld aus dem Großhandel, von Teppichen hauptsächlich, bauten sie sich Familienresidenzen, die anderswo Königen gut zu Gesicht stünden und heute jedermann offenstehen. Als erste Adresse gilt das *Borujerdi-Haus (Khan-ye Borujerdi)*, schon allein wegen der tollen Kuppel. Zwei weitere Traumhäuser, ebenfalls überreich verziert und mit einer Wohnnutzfläche von 4000 bis 5000 m^2: das *Tabatabai-* und, kürzlich als Luxushotel adaptiert, das *Ameriha-Haus*. *Alle tgl. 9–18.30, im Winter 9–17 Uhr | Eintritt je 150 000 Rial | Alavi Street*

TEPE SIALKH ●

Man sieht ihm sein Alter auf den ersten Blick an, kahl, bucklig und schrundig, wie er ist. Kein Wunder, war dieser Grabungshügel doch schon vor 6000 Jahren besiedelt. Die Schätze, die französische Archäologen hier aus der Erde holten, bemalte Keramik, Glas, beritzte Tontäfelchen und tönerne Menschen- und Tierfiguren, lagern im Louvre und in Teheran. Den fahlbraunen Erdhöcker zu besteigen, lohnt dennoch. Der Ort verbindet mit der Vorzeit und der Rundblick von oben erhebt. Praktisch liegt er obendrein, auf halbem Weg hinaus in den Fin-Garten. *Tgl. 9–17 Uhr | Zugang 150 000 Rial | nahe Amir Kabir Street*

ESSEN & TRINKEN

ABBASI

Das Abbasi-Haus, ein um sechs Höfe gruppiertes Räumelabyrinth, ist einer der prächtigsten Händlerpaläste. Eine Hälfte ist Museum, die andere ● Restaurant. Und was für eines! 700 m^2 auf drei Etagen, eine regelrechte Teppichwiese, aber auch Tische und Stühle und gutes Traditionsessen mit Kamelfleisch als Spezialgericht. *Tgl. | Alavi Street | Tel. 031 55 24 57 64 | www.abbasi-dh.ir | €€*

CAFÉ BEAM

Keine iranische Altstadterkundung ohne Blick von oben. Hier, auf dem Dach des *Doost House*, einer charmanten Privatpension, kriegt man zum Panorama Tee und Kaffee, Sweets und Snacks und abends häufig klassische Livemusik serviert. Spezialität ist INSIDER TIPP *Arghijat*, mit Kräutern versetztes Rosenwasser. *Tgl. 17–23 Uhr | Mullah Habib Sharif Street hinter der Moschee Agha Bozorg | €*

Abyaneh ist eines der ältesten Dörfer des Iran – und noch immer bewohnt

SIALK

Wirt Ahmed Arani, ein ehemaliger Guide, weiß, was anspruchsvolle Gäste wünschen: ein exzellentes Büfett mit vielen Salaten, helles Ambiente, alles supersauber. Ideal am Weg vom oder zum Tepe Sialk und Fin-Garten gelegen. *Tgl. | Zolfaghar 14, nahe Amir Almomenin Boulevard | Tel. 031 55 34 00 80 |* €€

EINKAUFEN

Wer nicht oder außerhalb der Pflücksaison nach Qamsar kommt: Am Fußweg zu den Händlerhäusern oder vor dem Eingang in den Fin-Garten stapeln sich Rosenwasser und -parfum in den Regalen. Ob der Händler ein Fuchs ist und die Flüssigkeiten gestreckt hat? Selber schnüffeln! Die Wässerchen erfüllen herrlich duftend auch so ihren Zweck.

ÜBERNACHTEN

AMIR KABIR

Nein, einen Preis für das kuscheligste Romantikhotel kriegt dieser Kasten keinen. Aber die 35 Jahre, die er sich um Kashans Gäste schon verdient gemacht hat, haben ihm eine sympathische Patina und dem Personal eine wohltuende Professionalität verpasst. Gutes Restaurant, praktische Lage nahe dem Fin-Garten und Tepe Sialk. Achtung, frisch renoviertes Zimmer verlangen! *98 Zi. | Amir Kabir Street | Tel. 031 55 30 40 90 | amirkabir hotel.kashan@yahoo.com |* €€

NOGHLI HOUSE

Lust, alte Handwerkstraditionen kennenzulernen? Die Betreiber dieses netten Hostels organisieren jeden Morgen *(Sa–Do)* INSIDER TIPP Stadtrundgänge mit Werkstattbesuchen bei Färbern, Drechslern, Teppichknüpfern und auch Hammam-Besuche, Massage inklusive *(p. P. ab 420 000 Rial)*. Ah, ja, wohnen kann man hier auch: Die Zimmer sind, wie das ganze historische Haus mit seinem Innenhof, schlicht, aber sauber und sehr stimmig. *15 Zi. | 20. Ab-Anbar-e-Khan-Passage, hinter der Moschee Agha Bozorg | Tel. 031 55 23 33 24 | www.nogh lihouse.com |* €

SARAY AMERIHA

Hier sollten Sie für ein, zwei Nächte mal budgetär fünfe gerade sein lassen. In diesem Palast werden Sie es nicht bereuen. Sein Erbauer war vor gut 200 Jahren Gouverneur von Kashan und angeblich der reichste Mann des Iran. 9000 m² misst die Grundfläche der Residenz, die man vor ein paar Jahren in eine Luxusbleibe verwandelt hat. *22 Zi. |*

Alavi Street | Tel. 031 552 40 19 09 | www.sarayeameriha.com | €€€

ZIELE IN DER UMGEBUNG

ABYANEH ★ (139 E2) (*F6*)
Ein Glücksfall für Irans Fremdenverkehrswerber und ein Lieblingsziel für Ausflügler aus nah und fern 90 km südöstlich von Kashan. Seine rostbraunen Lehmhäuser schmiegen sich fast zu malerisch verschachtelt an den steilen Berghang. Außerdem herrscht in dem autofreien Ort ein berührend altertümlicher Geist. Gesprochen wird hier noch ein mittelpersischer Dialekt. Die Frauen tragen rosengemusterte Trachten und hängen gegen den bösen Blick aus Kichererbsen geknüpfte Vorhänge vor die Tür. Auch hier gilt: Feier- und Freitage meiden! Wenn das Remmidemmi nervt: vom Hügel gegenüber in aller Ruhe das Panorama genießen. Beste Adresse für Einkehr und Übernachtung ist das *Hotel Viuna (30 Zi. | Tel. 031 54 28 28 20 24 | www.viunahotelabyaneh.com* | €€*)* an der Ortseinfahrt. Das Auto muss am Ortsrand geparkt werden. *Zufahrt bis Parkplatz 50 000 Rial p. P.*

MARANJAB (139 E1) (*F5*)
Ein Tagestrip als Instant-Wüstenerlebnis, keine zwei Autostunden nördlich von Kashan. Am Ziel der trotz sandiger Piste PKW-tauglichen Tour warten hohe Sanddünen und ein fast unendlich großer, mit schneeweißen Kristallen überzogener Salzsee. Wer sich an Komfortmangel nicht stößt, übernachtet in der Karawanserei von Maranjab *(Tel. 0913 963 85 75 | €)*. Machen Sie auf dem Rückweg einen Abstecher nach INSIDER TIPP *Nushabad*. Dort grub die Bevölkerung vor 1500 Jahren eine unterirdische Stadt in die Erde, 4 km² groß und drei Stockwerke tief, als Zuflucht vor Feinden. *Tgl. 9–16.30 Uhr | Eintritt 200 000 Rial*

QAMSAR (139 E2) (*F5*)
Neuen Duft für zu Hause? Dieses Bergdorf, 35 km südlich, ist berühmt für sein Rosenwasser. Sogar der schwarze Vorhang der Kaaba in Mekka wird damit gewaschen. 300 Hersteller destillieren aus den vor Ort gepflückten Blüten 1,5 Mio. Liter pro Jahr. Und verkaufen Fläschchen und Flakons auch gerne ab Hof, billiger als in den Souvenirshops in der Stadt.

KERMAN

(140 C5) (*J8*) **Die Hauptstadt (600 000 Ew.) der gleichnamigen Provinz war immer schon Persiens Tor Richtung Indien. Ihr Lebenszweck: Handel, Handel, Handel. Er war und ist neben Teppich- und Textilproduktion und neuerdings der Autoerzeugung die Hauptquelle ihres Reichtums. Kerman wirkt vergleichsweise überschaubar und ruhig: der ideale Stützpunkt, um in die südöstlichen Landesteile zu starten.**

Bei so einer Karriere als Knotenpunkt wichtiger Karawanenrouten ist's nur logisch, dass der herrlich wuselige, mit tollen Kaufhallen, Bädern und Moscheen gespickte Basar bis heute im Zentrum der Aufmerksamkeit steht. Sonst blieb „dank" der vielen Eroberer, Erfolg macht neidisch, nicht viel alte Bausubstanz erhalten. Hier ein Mausoleum, da ein Grabturm, ein Eishaus, am Ostrand zwei vorislamische Festungsruinen. Auch mehrere Museen, eines für Musikinstrumente, eines für Gegenwartskunst z. B., lohnen Besuche. Doch Kermans eigentlicher Trumpf ist das Umland, wo Gebirgs- und Wüstenlandschaften von einer auf diesem Planeten ganz seltenen, grandiosen Kargheit warten. Und mit der INSIDER TIPP Fundstätte von *Konar Sandal* bei Jiroft, 230 km südlich, besitzt die Region sogar eine archäologische Fundstätte von Weltrang.

SEHENSWERTES

MEYDAN-E GANJ ALI KHAN

Kermans Antwort auf Isfahans Imam-Platz. Zugegeben eine Schmalspurversion, aber städteplanerisch ebenfalls aus einem Guss: auch 400 Jahre alt, autofrei, mit Arkaden gesäumt und mit architektonischen Hochkarätern bestückt. Highlights sind das *Hammam (tgl. 9–13, 14–18 Uhr | Eintritt 150 000 Rial),* heute ein elegant renoviertes Museum für Badekultur, und an der Ostseite die INSIDER TIPP *Ganj-Ali-Khan-Moschee (tagsüber immer offen | Eintritt frei)* mit einer innen fast konkurrenzlos feinen Kuppel. In der *Karawanserei* nebenan haben diverse Kunsthandwerker ihre Läden und Ateliers.

ESSEN & TRINKEN

SALAD BAR

Eine Rarität im Land der Fleischliebhaber: ein Restaurant für Veganer. Knackige Salate, Nudelgerichte, Gemüse vom Teppanyaki-Grill. *Tgl. | Abnous Street 7 | Tel. 034 32 43 61 50* | €

VAKIL-TEEHAUS ●

Kein Geheimtipp mehr. Aber unter den verfliesten Ziegelgewölben dieses 200 Jahre alten früheren Hammam muss man einfach einen Tee geschlürft oder ein *Khoresht Boz Ghormeh*, einen Eintopf aus Ziegenfleisch, Gemüse und Nüssen, gelöffelt haben. Tagsüber wie abends häufig Livemusik. Zauberhaft. *Tgl. | Vakil-Basar | Tel. 034 32 25 44 93* | €€

EINKAUFEN

BAZAR-E VAKIL

Vorsicht, akute Kaufrauschgefahr! In dem über 1 km langen Ladenschlauch, einem der ältesten und buntesten des Iran, sollte man sich darauf einstellen. Denn nach Branchen sortiert gibt es hier vom Vasenteppich bis zum Schwarzen Kümmel alles, wofür Kerman berühmt ist.

AM ABEND

INSIDER TIPP TOURIST CAFÉ

Ein schickes Café, europäisch angehaucht. Das Originelle: Der smarte Besitzer, Mehran, organisiert fast jeden Abend freie Publikumsdiskussionen, dreimal wöchentlich auf Englisch, jeden zweiten Freitag auf Deutsch. Das Thema wird tags zuvor auf Instagram *(tourist_cafe_kerman)* gepostet oder auch am Telefon verraten. *Tgl. 8.30–13, 16.30–1 Uhr | Hoshang Moradi Street, nahe Pars Hotel | Tel. 0938 305 62 99* | €€

ÜBERNACHTEN

JALAL GUESTHOUSE

Im Gästehaus von Jalal Mehdizadeh, einem erfahrenen Guide, der auch Touren organisiert, fühlt man sich nicht nur heimisch, weil der Hausherr Deutsch spricht. Auch die ruhige und familiäre Stimmung trägt dazu bei. *11 Garbi 3 Street, nahe Varzesh Street, Ashura Square | Tel. 0913 142 31 74, 034 32 71 01 85 | jalalguesthouse@yahoo.de* | €€

Hier und im neuen, zweiten Haus *Khane Pedari (1 km westlich des Basars, Shahab 3. Gasse, nahe Motahari Street | €€)* kann Jalal bis zu 25 Gäste unterbringen.

TOURIST INN

Ein Haus merklich über dem Durchschnitt der staatlichen Jahangardi-Kette, die in fast jeder iranischen Stadt vertreten ist. Großräumig, hell, guter Service, mit vier Restaurants. Inspirierend: die Lage im modernen Westbezirk mit schicken Shops und Lokalen in Gehdistanz. *61 Zi. | Jumhuriyeh Boulevard, Shafa Street | Tel. 034 3 24 45 20 35 | www.ittic.com* | €€

Die Ganj-Ali-Khan-Karawanserei ist Arbeitsplatz für diverse Kunsthandwerker

ZIELE IN DER UMGEBUNG

BAM (141 D6) (*🕮 K9*)

Die Katastrophe war total: Als am zweiten Weihnachtstag 2003 in dieser Oase die Erde bebte, starben 35 000 Menschen und die einzigartige Festungsstadt aus Lehm glich einer Schutthalde. Die ganze Welt kam zu Hilfe. Das Ergebnis: eine wieder halbwegs auf die Beine gekommene moderne Stadt und eine inzwischen fast fertig aufgebaute Zitadelle – ein wenig steril naturgemäß, aber weiterhin äußerst imposant und sehenswert. Amüsanteste Unterkunft ist *Akhbar's Guesthouse (13 Zi. | Saied Jamal-ad Din Street | Tel. 0913 246 08 31 | akbartouristguesthouse@gmail.com | €)*, die dank des leutseligen Wirts eine Institution für Globetrotter seit den frühen 70ern ist, als man durch Bam langmähnig nach Indien trampte.

KALOUTS ★ (141 D5) (*🕮 K8*)

Monument Valley auf iranisch, natürlich ohne Marlboro Man: hochhaushohe Tafelberge, schroffe Wände, Zinken, von Horizont zu Horizont von fantasievoller Riesenhand aus dem Fels geschmirgelt. Je nach Stimmung können Sie ein Stück weit durch die Mondlandschaft stapfen, im Yogasitz der Stille lauschen oder mit dem Quad (werden an wechselnden Orten von ein paar geschäftstüchtigen jungen Männern verliehen) über die Dünen brausen. Wenn man nicht frühmorgens die ca. 150 km aus Kerman anreist, kann man schlicht, aber stimmig wohnen in den Dörfern Shahdad, Safi Abad oder Deh Seyf, etwa im *Yadegar Guesthouse (5 Zi. | Tel. 0913 396 68 39 | €)* von Mr. Ghasemi. Zwei Extremerlebnisse keine 30 Autominuten nördlich von Shahdad sind etwa der Salzfluss und das Gebiet *Gandom-e Beryan*, wo die Nasa vor ein paar Jahren mit 70,7° eine der höchsten je auf der Erde verzeichneten Bodentemperaturen maß.

MAHAN (140 C5) (*🕮 J8*)

Das Städtchen, 35 km südöstlich, liefert den perfekten Kontrast zu all der knochentrockenen Wüste rundherum. Und

Angekommen: Pilgerziel Fatemeh-Masumeh-Heiligtum in Qom

zwar buchstäblich mit dem *Prinzengarten (Bagh-e Shahzadeh | tgl. 9–21 Uhr | Eintritt 200 000 Rial)*, einem Idyll aus Kaskaden, Blumenrabatten und waldigem Grün, aufgespannt zwischen zwei zierlichen, abends romantisch beleuchteten Palästchen. Mit stimmungsvollem Restaurant im oberen Pavillon.

Den Geist aufladen können Sie bei *Nematollah Vali*. Das *Mausoleum (tgl. 7–24 Uhr | Eintritt frei)* des hochverehrten Sufi-Mystikers verströmt mit seinen uralten Bäumen, den weiten Gebetshallen und der türkis schillernden Kuppel eine weihevolle Atmosphäre. Versäumen Sie nicht den Blick ganz hinten in die über und über mit geheimnisvollen Kalligrafien verzierte INSIDER TIPP Kammer, wo der Meister vor 600 Jahren zu meditieren pflegte.

RAYEN (140 C 5–6) *(J9)*
Nachdem die Burg von Bam in Trümmern lag, schlüpfte die von Rayen rasch in die Rolle als touristische Topattraktion. Was auch insofern nahelag, als es von Kerman hierher nur 110 km sind. Gut, Rayen ist deutlich kleiner, dafür aber wunderbar kompakt. Eine Bilderbuchburg *(tgl. 8 Uhr bis Sonnenuntergang | Eintritt 150 000 Rial)* mit allem, was dazugehört, beschützt von einem doppelten Ring aus massiven Mauern und Türmen. Und das optische Sahnehäubchen liefert im Hintergrund der bis weit in den Sommer schneeweiße 4500-m-Gipfel des Kuh-e Hezar.

QOM

(139 D1) *(F5)* **Mehr als 1 Mio. Ew. zählt diese Stadt, die fromme Schiiten als nach Mashhad zweitheiligste im Land verehren. Und der Trend heißt weiter wachsen. Der Hauptgrund ist die Grabstätte von Fatemeh Masumeh.**

Sie schafft Jobs, denn sie motiviert inzwischen pro Jahr 20 Mio. Menschen, hierher an den Westrand der großen Salzwüste zu pilgern.
Eine spezifisch iranische Mischung aus Lourdes, Oxford und Vatikan: So könnte man Qom beschreiben. Schließlich versprechen sich die Gläubigen vom Besuch am Grab der „Unfehlbaren" wahre Wunder. Die *Feyzieh*, die oberste örtliche Hochschule, ist die mit Abstand wichtigste Kaderschmiede für jene Kleriker, die seit 1979 in Teheran an der Macht sitzen.
Alles in Qom, auch das touristische Programm, steht im Bann des Glaubens. Natürlich ist der quirlige Basar einen Bummel wert, die dortige Kaufhalle *(Timche)* der Teppichhändler mit ihren drei filigranen, nach oben offenen Kuppeln ist sogar eine Sensation. Aber die Hauptgründe, in der Stadt Station zu machen, sind die religiöse Architektur und Atmosphäre. Die Inbrunst der Wallfahrer und die stolze Unnahbarkeit der Geistlichen zu erleben hilft, eine wichtige Facette des iranischen Wesens besser zu verstehen.

SEHENSWERTES

FATEMEH-MASUMEH-HEILIGTUM (HARAM-E MAZUMEH) ★

Im Jahr 816 starb in Qom die Schwester des Achten Imam. Um ihr Grab ist nach und nach ein gigantisches, von superreichen Stiftungen verwaltetes Heiligtum entstanden. Nicht-Muslime dürfen nicht in die Große Moschee und die Schreine, auch nicht in die Hochschulen. Durch die Höfe schlendern dürfen sie aber, faszinierend genug.
Beim Haupteingang *(tgl. 7.30–19 Uhr | Eintritt frei)* am Astaneh-Platz werden Gäste von englischsprachigen Guides empfangen und unentgeltlich über das Gelände geführt. Frauen müssen einen – keine Sorge, frisch gewaschenen – Tschador anlegen. Sehenswert ist auch das *Museum des Heiligen Schreins (tgl. 8–17 Uhr | Eintritt 20 000 Rial)*.

GARTEN DER GRÜNEN GRABTÜRME (BAGH-E GONBAD-E SABZ)

Die drei Grabtürme mit türkisen Kegeldächern aus dem 14. Jh. in ihrem Granatapfelhain sind unbedingt sehenswert *(tgl. 8–14 Uhr | Eintritt 50 000 Rial | nahe Shohada-Platz)*. Einen Abstecher bloß über die Straße lohnt auch das ähnlich alte *Mausoleum von Imamzadeh* inmitten eines großen Friedhofs *(gratis rund um die Uhr zugänglich)*.

KHAN-E KHOMEINI ●

Das schlichte Haus, in dem der Republikgründer von 1951 bis zu seiner Exilierung 1963 lebte, beherbergt heute das „Büro für religiöse Auskünfte". Geistliche beantworten hier im Akkord telefonische Anfragen von Gläubigen aus dem ganzen Land. Gehen Sie ruhig hinein: Interessierte sind willkommen. Das *Museum (Sa–Do 7.30–14.30 Uhr | Eintritt 50 000 Rial)* gegenüber informiert in Bild und Wort (auf englisch) über Leben und Wirken verstorbener Promitheologen. *Sa–Do 8 Uhr bis zum Mittagsgebet und 16 Uhr bis zum Abendgebet | Eintritt frei | Rohollah Square*

ESSEN & TRINKEN

YAZDANPANAH

Schwer zu sagen, ob hier Ambiente oder kulinarische Ambition mehr Applaus verdienen. Was man im denkmalgeschützten Herrschaftshaus im eleganten Speisesalon oder draußen im Hof auf Holzbetten serviert, beweist Könnerschaft in der Küche, von den vielen vegetarischen Gerichten bis zu den exotischen Säften. *Tgl. | Dey Street 19, 11. Gasse | Tel. 025 137716659 | www.yazdanpanahhouse.ir* | €€

Moscheekuppeln bieten Orientierung im Altstadt-Gassengeflecht von Yazd

EINKAUFEN

Ihr Parkett daheim ziert noch kein Seidenteppich aus Qom? Na dann aber los in den Basar! So aus erster Hand kriegen Sie eines der edlen Stücke nie wieder. Als örtliches Souvenir auch berühmt und für das Reisebudget schonender (wenn auch weniger für die Zähne) ist *Sohan*, ein mit Safran, Rosenwasser und Pistazien versetzter Krokant.

ÜBERNACHTEN

QOM INTERNATIONAL

Das führende Haus in der heiligen Stadt aus zweierlei Gründen: dank seiner Lage, der Eingang zum Schrein liegt bloß den sprichwörtlichen Steinwurf entfernt; und dank seiner Qualität. Auch wenn die dem behaupteten Vier-Sterne-Standard nach westlichen Maßstäben nicht ganz entspricht: Komfortabler logiert man in Qom nirgendwo. *80 Zi. | Najafi/ Eram Street | Tel. 025 17 71 92 08 | Qom.hotel@yahoo.com* | €€€

ZIEL IN DER UMGEBUNG

JAMKARAN (139 D1) (*🕮 F5*)

Noch keine Überdosis von schiitischer Religiosität? Dann nehmen Sie ein Taxi hinaus in den südlichen Vorort, wo den Menschen im Jahr 994 der verborgene Zwölfte Imam erschien, so heißt es. In den Brunnen, dem er damals angeblich entstieg, werfen Pilger massenhaft Zettelchen mit ihren geheimsten Wünschen. Präsident Ahmedinejad hat die Moschee zu einem gigantischen Komplex ausbauen lassen. Auch wenn Sie als Nicht-Muslim den Schrein nicht betreten dürfen: Schon auf dem Gelände zu sein ist beeindruckend und sehr aufschlussreich.

YAZD

(140 A3) (H7) **Sollte nur Zeit für eine einzige der alten Oasenstädte am Wüstenrand bleiben, dann muss es diese sein. Kashan, Kerman & Co. sind sicher alle großartig. Aber Yazd spielt in einer eigenen Liga. Seine Altstadt gilt als größte komplett aus Lehm erbaute der Welt. In ihr allein kann man stundenlang entspannt umherstreifen. Doch auch die jüngeren, teilweise recht eleganten Bezirke haben ihren Reiz und Sehenswertes zu bieten.**

Yazd hatte im Lauf der Geschichte das Glück, von den Mongolen verschont und auch sonst wenig umkämpft zu sein. Es verdankt Wohlstand und Pracht vorrangig dem Handel über die Seidenstraße. Berühmt ist neben Teppichen sein Seidenbrokat *(Termeh)*, dessen tropfenförmiges Design die Briten von hier aus als Paisleymuster auf Welttournee schickten. Die weit im Landesinneren gelegene Stadt war schon früh ein Rückzugsort für die immer wieder bedrängten Zoroastrier. Ihre Gemeinde ist mit 12 000 Mitgliedern bis heute die größte im Land und ihr Kulturerbe, von den Bestattungstürmen bis zum modernen Feuertempel, ein Leitmotiv bei jeder Stadtbesichtigung.

SEHENSWERTES

ALTSTADT ★

Hier ein einzelnes Gebäude herauszustellen, wäre pure Willkür. Die ganze Altstadt ist das Wunder. Umso mehr, als sie gerade eine Verjüngungskur durchmacht: Noch vor 10, 20 Jahren drohte das Labyrinth aus Lehm zu verfallen. Dann aber begann man zu pflastern, zu renovieren. Schon ziehen erste Junge zu, hat eine Reihe Cafés, Restaurants, Boutiquehotels eröffnet. Sie sollten ziellos durch die *Kuchés*, die verwinkelten Gassen, wandern. Hier eine Kuppel, ein Windturm, da eine Wasserzisterne, um die Ecke eine beschnitzte Holztür mit zwei Metallklopfern, einem für sie und einem für ihn ... Nicht versäumen: auf ein Dach steigen und diese sonnengetränkte Symphonie aus Erdfarben in Cinemascope genießen!

HOL'S DER GEIER

An den Rändern einiger weniger Städte des Hochlandes, prominentestes Beispiel ist Yazd, thronen auf kahlen Felskuppen merkwürdige Wahrzeichen: sogenannte *Dakhmehs*, Türme des Schweigens. Hinter ihren kreisrunden Mauern hatten die Angehörigen des Zoroastrismus, der uralten persischen Vorgängerreligion des Islam, seit je ihre Toten aufgebahrt; genauer: frei lebenden Geiern überantwortet. Damit folgten sie ihrem Glaubensgesetz, die vier Naturelemente Luft, Feuer, Wasser und Erde rein zu halten. Vor gut 50 Jahren haben staatliche Gesetze das archaische Ritual untersagt. Inzwischen ist erlaubt, was zuvor Uneingeweihten absolut verwehrt war, nämlich zu den Rundtürmen hochzusteigen und jene Plattformen zu betreten, auf der die Vögel das Fleisch von den Knochen hackten. Konkret zu sehen ist dort zwar bis auf die Erdgrube, in der die Priester einst die blanken Gebeine zusammenwarfen und mit Kalk bestreuten, nichts. Doch ans Herz rührt der Anblick dieses Ortes der letzten Wahrheit allemal.

Gute Gelegenheiten bieten das *Art House Café* und das Restaurant *Malek-o Tojjar*. Irgendwann landen Sie im Herzen von Alt-Yazd, auf dem *Ziyai-Platz*. Hier ist wieder gezieltes Sightseeing angesagt. *Zendan-e Iskandar (Alexanders Gefängnis)*: Was diese ehemalige Koranschule aus der Mongolenzeit mit dem makedonischen Feldherrn zu tun haben soll, weiß nur der Volksmund. Aber ihre schöne Kuppel und die Kunsthandwerksläden im Hof lohnen, einfach mal hineinzugehen. *Tgl. 9–19 Uhr | Eintritt 150 000 Rial*

ATASHKADEH

Alle, alle machen sie hier Station. Draußen vorm Eingang stauen sich die Busse. Drinnen im Hof reden sich Guides die Münder fusselig. Das soll so sein, denn wie oft in einem Reiseleben steht man vor dem heiligen Feuer eines Zoroastriertempels? Noch dazu einem, das seit über 1500 Jahren nie erloschen ist. Irgendwie war's das dann nach zehn Minuten aber. Bei aller Ehrfurcht. Doch zweimal um die Ecke können Sie den Eindruck komplettieren, Spannendes über Zeremonien und Lifestyle der Community der Lichtanbeter erfahren – im kleinen, aber feinen INSIDER TIPP *Markar-Museum* (*tgl. 9–12, 16–20 Uhr | Eintritt 80 000 Rial | Milad-Gasse)* der zoroastrischen Geschichte und Kultur. *Tgl. 8–20 Uhr | Eintritt 80 000 Rial | Kashani Street |*

FREITAGSMOSCHEE (MASJED-E JAME KABIR)

Jede Stadt im Iran besitzt eine Jame-Moschee, in der freitags der Mullah seine Wochenpredigt hält. Aber ein solches Prachtexemplar hat nur Yazd. Allein die Dimension! Ihr Portalgewölbe plus Doppelminarett ist mit 48 m das höchste des Iran. Und ihre Fliesenmosaike führten kurz nach 1400 dazu, dass Baumeister bald überall Fassaden und Kuppeln mit solch bunten Keramikteppichen überzogen. *Tgl. 9–17 Uhr | Eintritt 80 000 Rial*

MEYDAN-E AMIR CHAQMAQ

Jeder glaubt hier, er stehe vor einer Moschee. Aber der breite Bau mit den Arkaden ist eine Art Zuschauertribüne. Von ihren auf drei Stockwerke verteilten Logen aus verfolgen die Würdenträger die Trauerprozession zu Ashura, wenn Massen weinender Männer das riesige Holzgerüst, das sonst in der Ecke steht, zum Märtyrergedenken über den Platz schleppen. Ist rechts das Türchen offen, kann man INSIDER TIPP aufs Dach steigen. Im Basartunnel darunter grillen Garköche, eine Seltenheit, Leberkebab. Dort werden ganz altmodisch auch noch Zuckerhüte fabriziert, die man daheim für den Tee mit Hämmerchen in kleine Würfel zerschlägt.

TÜRME DES SCHWEIGENS (DAKHMEHA-YE ZARTOSHTI)

Makaber, aber ein Muss. Ähnlich den Tibetern pflegten Zoroastrier die Freiluftbestattung. Die Aufbahrungsterrassen sind längst außer Betrieb, ebenso die Kuppelbauten im Tal, wo man die Leichname, bevor man sie den Geiern überließ, in mehrtägigen Prozeduren gereinigt, balsamiert und verabschiedet hat. Der kurze, steile Aufstieg lohnt – wegen der schrägen, weihevollen Aura wie auch der Fernsicht auf die Stadt und die Viertausender-Zacken des „Löwengebirges" *(Shir Kuh)*. *Tgl. 9–13, 15–18 Uhr | 80 000 Rial*

WASSERMUSEUM (MUZE-YE AB-E YAZD)

Ohne ausgeklügelte Wasserversorgung hätten Wüstenstädte wie Yazd nie entstehen können. Die Pioniere iranischer Ingenieurskunst buddelten schon vor 2500 Jahren kreuz und quer ein Netz aus *Qanaten*, unterirdischen Kanälen, durchs Land.

Freilufttheater: Blick auf Amir Chaqmaq mit Basar im Erdgeschoss und Logen darüber

Manche sind unfassbare 100 km lang. Welche technische Meisterleistung dahinter steckt und welche Mühe es macht, sie instand zu halten, zeigt die Dauerschau im dreistöckigen Keller eines Patrizierhauses. *Tgl. 8–19 Uhr | Eintritt 150 000 Rial | Ghiam, Ecke Khomeini Street |*

ESSEN & TRINKEN

ART HOUSE CAFÉ

„Kein WiFi, sprecht miteinander, stellt euch vor, es ist 1995." So ein sympathischer Spruch auf der Kreidetafel lockt doch, die steile Treppe zum Dach hochzusteigen. Noch verlockender ist die traumhafte Sicht über die Altstadt bei Kaffees, Tees und hausgemachten Snacks. *Tgl. bis 23 Uhr | neben Chehel Mehrab-Moschee, Fahadan-Viertel | Tel. 035 36 30 17 81 |* €

MALEK-O TOJJAR

Das Staunen während des Anmarschs durch die schmale Basargasse steigert sich noch, sobald man den pompösen Innenhof betritt. Wandmalereien, Stuck, fein geschnitzte Fenster – das (Büfett-) Essen ist in Ordnung, aber die Kulisse der eigentliche Grund herzukommen. Die Krönung: auf Teppichen hingestreckt beim Tee von 1001 Nacht zu träumen. Das Haus hat auch stilvolle Zimmer und märchenhafte Suiten. *Tgl. | Ghiam Street, Panjeh-ali Bazar | Tel. 035 36 26 14 79 |* €€€

MARCO POLO

Im obersten Stock des Orient Hotel schmilzt das Herz selbst des nüchternsten Zeitgenossen. Denn zum vorzüglichen Kamelkebab und zu leckeren Suppen serviert man einen unvergesslichen Blick: auf Augenhöhe ganz nah die Freitagsmoschee, umrahmt von Lehmkuppeln. *Tgl. | 6. Gasse am Ende der Masjed-e Jame Road | Tel. 035 36 26 77 83 |* €€

EINKAUFEN

HAJ KHALIFE

In den Vitrinen der Konditorei türmt sich, womit jeder Widerstand argloser Souvenirsucher gebrochen wird. Ein Andenken

Ein frühes Kühlsystem ist auf dem Aghazadeh-Haus in Abarkuh zu sehen

aus Mandeln, Kokos, Pistazien oder Rosenwasser, verpackt in den altmodischen roten Blechdosen, muss mit. *Tgl. 8–18 Uhr | Salman Farsi Street, Ecke Imam Street*

HENNAMÜHLE

Früher drehte hier ein Kamel seine Runden, heute macht den Job ein Elektromotor. Tolle Fotos gibt das düstere Gewölbe, wo man mit riesigen Mahlsteinen Hennablätter zerreibt, trotzdem her. Auch dank des Mannes, der hier völlig eingestäubt den grünen Puder, mit dem Inder und Araber Haare und Haut rot färben, in große Säcke füllt. Handlicher verpackt gibt's im Shop nebenan alle nur erdenklichen Zutaten aus der iranischen Gewürzküche. *Sa–Do 8–20 Uhr | Mazari-Gasse, Ecke Kashani Street, Imam Jafar Sadeq Boulevard*

AM ABEND

INSIDER TIPP PERSISCHE NACHT

Man nehme einen mit Teppichen und Polstern möblierten Salon, lasse einen Rezitator zu Livemusik auf der Setar witzige Sufi-Geschichten erzählen (auf Englisch), serviere dazu ein Spezialitätenmenü – fertig ist die entspannende, lehrreiche Begegnung mit der Seele Irans. *Tgl. 19–22 Uhr | Hotel Kohan | 40. Gasse, Imam Street | www.tpersiannight.com*

TOURIST LIBRARY

Idealismus war gestern? Denkste. Dachten ein paar junge Yazdi und verwandelten ein desolates Altstadthaus (auf halbem Weg von der Freitagsmoschee zum Ziyai-Platz) in ein Kulturcafé. Eine kleine, mehrsprachige Bibliothek, Filme, Landkarten informieren über Irans Kultur. Eintritt? Auf Spendenbasis. Nur für den tollen Blick vom Dach zahlt man (1 Euro) und für das Tässchen Rosenwasser beim Schmökern. Eine Bitte äußert Initiator Mohsen Rafieian: Bringt Bücher über den Iran mit! Künftige Gäste freuen sich. *Tgl. 8.30–21, im Winter 8.30–19.30 Uhr | Tel. 035 36 20 86 99*

ÜBERNACHTEN

MOSHIR OL-MAMALEK

Schon die beiden Herren beim Empfang sind, nein, hier wird nichts verraten, eine Überraschung und die beiden Papageien in der Lobby herrlich schrullige Maskottchen. Die Trümpfe dieses eher dezentralen, dafür sehr ruhigen Anwesens sind sein vorzügliches Restaurant und der 1,3 ha große Garten, zu dem hin sich die Zimmer öffnen. Die sind komfortabel, im gehobenen Stil einer Wüstenherberge mit kühlen Fliesen, Ziegelwänden und -gewölben gestaltet. *45 Zi. | Moshir Boulevard, Enqelab Street | Tel. 035 35 25 39 79 | www.hotelgardenmoshir.com* | €€€

SILK ROAD

Ein Quartier so nah an der Freitagsmoschee, dass man beim Gebetsruf dem

Muezzin, wenn er nicht längst ein Lautsprecher wäre, in die Augen schauen könnte. Trotzdem schläft man ruhig und rundum gut betreut. Die bunte Gästemischung sorgt im grünen, überdachten Innenhof für weltoffen-lockere Stimmung, das Büfettessen, ebendort aufgebaut, für sehr zufriedene Mägen. *9 Zi. | Khakestari-Gasse | Tel. 035 36 25 27 30 | www.silkroadhotel.ir | €*

YAZD BACKPACK HOSTEL

So haben es Rucksackreisende gern: sauber und preiswert in zentraler Lage, mit Küche und Waschmaschine für Selbstversorger, Aussichtsterrasse zum Abhängen bei Tee und Wasserpfeife und einem englischsprachigen Chef, hier heißt er Sajjad, der Tipps für alles hat und immer hilft. Die Rezeption ist nur von 8 bis 12 Uhr besetzt. *14 Zi. | Amir Chaqmaq Square | Tel. 0913 5 20 51 00 | info@yazdbackpacker.com | €*

ZIELE IN DER UMGEBUNG

ABARKUH (139 F4) (*G7*)

„Dürre Leute werden leichter gekidnappt. Sichert Euch ab: esst Kuchen!" Humor kann man den Betreibern des Cafés neben der berühmten Zypresse von Abarkuh nicht absprechen. Doch obwohl ihre Mehlspeisen wirklich schmecken: Das Hauptaugenmerk sollte schon dem kolossalen Baum mit seinen verknoteten Stämmen gelten, egal ob er wirklich, wie der Wegweiser an der Hauptstraße tönt, 4000 Jahre alt und der weltweit älteste seiner Art ist *(tgl. 9–18 Uhr | Eintritt 100 000 Rial)*.

Die spektakulärere Attraktion des Wüstenstädtchens aber ist das *Aghazadeh-Haus (tgl. 8–23 Uhr | Eintritt 80 000 Rial | Shahid Bahonar Street)*, ein tipptopp renovierter Gebäudekomplex mit etlichen Trakten, Höfen und dem größten Windturm des Iran, der nicht zufällig die 20 000-Rial-Note ziert.

CHAK CHAK (140 A3) (*H6*)

Na ja, die Wunderstory hat man schon mal wo gehört: Da sucht eine Königstochter, bedrängt von bösen Eroberern, in einer Schlucht Zuflucht, bittet Gott um Rettung. Und siehe da: Der Fels öffnet sich und nimmt sie schützend auf. Im konkreten Fall hieß die Schöne Nikbanu, lebte um 640 und floh vor den anrückenden Arabern. Sie war die Tochter Yazdgerds III., des letzten Sassaniden-Königs, und, dies der Clou der Legende, Zoroastrierin. Zum Gedenken an das Wunder treffen sich hier im Juni Tausende Angehörige dieser Uraltreligion – offiziell, um in dem hoch droben in steilem Fels über einer Quelle errichteten Heiligtum zu beten, inoffiziell auch um zu feiern und Partner zu finden. Das restliche Jahr über liegt Chak Chak eingebettet in seine Bergwüsteneinsamkeit weitgehend verwaist. Der Pilgerort, auch *Chahak-e Ardakan* genannt, ist aber auch dann immer zugänglich und, wenn man sich vor langen Treppen nicht schreckt, die 80 km Fahrt von Yazd auf jeden Fall wert.

SARYAZD (140 A4) (*H7*)

Eine bombastische Lehmburg: an die 8000 m² Fläche, mit zwei massiven Mauerringen eingefasst, im Inneren fast 500 Raumzellen, in denen Getreide gelagert wurde und die Dorfbewohner bei Gefahr ihre Wertsachen und sich selbst versteckten. Unerklärlich, dass ein solches Juwel *(tgl. 9–20, im Winter 9–17 Uhr | wenn geschlossen: Tel. 0913 9 68 68 08 | Eintritt 100 000 Rial)* so wenig besucht ist, obwohl es nur 40 km südlich von Yazd steht. Auf der Weiterfahrt Richtung Kerman verspricht das *Karawanserei-Hotel von Zein-o-din (68 Betten | Tel. 035 38 24 33 38 | zeinodin2003@yahoo.com | €€)* unvergessliche Wüstenübernachtungen.

TABRIZ & DER WESTEN

Die Attraktivität der westlichen Landesteile ist verglichen mit den Wüsten und Oasen des zentralen Hochlandes wenig bekannt. Schade. Denn auch zwischen dem Aras, dem Grenzfluss zur Kaukasusregion im Norden, und den Rändern des mesopotamischen Tieflands im Süden stehen die Chancen gut, dass einem hohe Kunst und erhabene Natur den Kopf verdrehen.

Von den baumlosen Hochtälern des Dreiländerecks mit Armenien und der Türkei über Irans größtes Binnengewässer, den Orumiyeh-See, und die dicht gestaffelten Ketten des Zagros-Gebirges bis zu den dramatischen Schluchten, mit denen dieses zur Ebene von Khuzestan hin abbricht: Der Landschaftsbogen spannt sich fast 1000 km weit und umfasst ein erstaunliches Spektrum. Hier sind die freiheitsliebenden Kurden daheim, traditionell gekleidet mit großen Turbanen und Pluderhosen, die nicht weniger stolzen Luren, die Azeris mit ihren türkischen Wurzeln. Und diverse Nomaden, denen man im Frühjahr und Herbst begegnet, wenn sie mit Sack und Pack und riesigen Schafherden zwischen Winter- und Sommerweide wechseln.

Und die Kunst? Baudenkmäler als Zeugnisse epochaler Geschichte? Gibt es nicht? Oh doch, sehr wohl: Ob Residenzstadt, Felsrelief oder Feuertempel der Alten Perser, ob mächtige Festung aus grauer Vorzeit, Gräber unsterblicher Geistesgrößen von Weltruf oder uralte Handelsmetropole mit ebensolchen Basaren, der Erlebnismix ist garantiert.

 Bild: Landschaft bei Tabriz

Türken, Kurden und Nomaden: Im westlichen Berg- und Hügelland zeigt sich der Vielvölkerstaat Iran von seiner besonders bunten Seite

HAMADAN

(134–135 C–D5) *(𝔐 D5)* **Typischer Fall einer Siedlung (530 000 Ew.) mit extrem reicher, spannender Vergangenheit, die man ihr aber kaum ansieht. Schuld daran sind die vielen Eroberungen, Erdbeben sowie die moderne Bebauung. Bei näherem Hinsehen gibt es aber einiges zu entdecken.**

Die Stadt liegt auf 1800 m Seehöhe am Berghang des Alvand, eines 3500ers. Die Winter sind schneereich und lang, die Luft ist auch im Sommer kühl und Wasser fließt genug. Alles ideale Voraussetzungen für intensive Landwirtschaft, aber auch für eine touristische Karriere als Sommerfrische und Skigebiet. Dass hier oben schon die Meder und Perser ihre Hauptstadt hatten, hat allerdings auch entscheidend mit Hamadans Rolle als wichtiger Handelsplatz zu tun. *Ekbatana*, so hieß es einmal, lag an der Hauptroute zwischen iranischem Hoch- und mesopotamischem Tiefland. Die heutige Provinzhauptstadt erhielt in den 1920er-Jahren einen modernen, fast pariserisch großzügigen Grundriss. Vom zentralen Meydan-e Imam Khomeini gehen strahlenförmig sechs breite Straßen ab, die durch ringförmige Boulevards verbunden sind. Die paar maßgeblichen Sehenswürdigkeiten,

Hamadans Meydan-e Imam Khomeini

zu denen auch der Basar, ein mittelalterlicher Grabturm und eine rätselhafte, verwitterte Löwenskulptur gehören, liegen fast alle innerhalb dieses Kerns.

SEHENSWERTES

AVICENNA-GRAB (ARAMGAH-E ABU ALI SINA)

Als „Fürst aller Wissenschaften" wird er im ganzen Orient verehrt. Er ist eine der herausragenden Geistesgrößen der persischen Kultur und hat vor allem auf den Gebieten von Medizin und Philosophie auch das abendländische Denken nachhaltig geprägt: Abu Ali Ibn Sina, im Westen besser als Avicenna bekannt, ist 1037 in Hamadan gestorben, sein Grab, ein merkwürdig modernistischer Raketenturm aus Beton, für alle Wissenschaftsinteressierten ein Pilgerort. *Tgl. 9–20, im Winter 9–16 Uhr | Eintritt 200 000 Rial | Bu-Ali-Platz*

HEGMATANEH

Die strategisch wertvolle und kühle Lage war schon für den ersten König der Meder um 700 v. Chr. Grund genug, von diesem „Ort der Versammlung" *(Hegmatana)* aus sein Reich zu regieren. Auch die Herrscher des Altpersischen Reichs (6.–4. Jh. v Chr.) schätzten die Stadt und machten sie, neben Persepolis und Susa, zu ihrer dritten Residenz. Erhalten blieb von der ganzen Pracht recht wenig. Immerhin: Auf einem Siedlungshügel lassen sich, durch ein kolossales Wellblechdach geschützt, die Grundmauern einer antiken Anlage besichtigen. *Tgl. 8–20, im Winter 8–17 Uhr | Eintritt 200 000 Rial*

MAUSOLEUM VON ESTHER UND MORDECHAI (BOQE-YE ESTER VA MORDKHAY)

In Erinnerung an diese Episode feiern Juden in aller Welt ihr Purimfest. Es war vermutlich die Frau von König Xerxes I., eine Jüdin namens Esther, die vor 2500 Jahren die jüdische Gemeinde der Stadt rettete. Sie hatte von Plänen des Wesirs für ein Pogrom gehört. Ihr Onkel Mordechai drängte sie zur Intervention beim Gatten. Mit Erfolg. Der Grabbau der beiden Helden, ein uralter Turm, ist bis heute Ziel dankbarer Pilger. *Sa–Do 9–13, 16–19, Fr 9–13 Uhr | Eintritt 50 000 Rial | Shariati Street*

ESSEN & TRINKEN

INSIDERTIPP KEBAB HOUSE

Ein Paradies für Kebabisten: volkstümlich mit nur ein paar Metalltischen, dafür extrem preiswert und sehr gut. Weitere einfache Restaurants finden sich rund um den Platz. *Tgl. | Meydan-e Imam Khomeini, nahe der Ecke zur Buali-Sina-Straße | Tel. 081 322 52 46 53 |* €

ROYAL

Hier wird getafelt, nicht gegessen. Lammfilet zum Beispiel, Tilapia oder Bœuf Stroganoff und dazu feine Salate. Auf der Getränkekarte stehen mal nicht die üblichen Softdrinks, sondern exquisite Säfte, z. B. mit Safran, Minze oder Rosenwasser gemixt. Zeitgemäß elegantes Ambiente. *Tgl. | Mahdiyeh Street, Ecke Roshan Boulevard | Tel. 081 38 37 20 01 |* €€€

FREIZEIT & SPORT

GANJNAMEH-TAL

Bildungsbeflissene wird an diesem kleinen Ausflug freuen, dass am Ziel, frei zugänglich, zwei berühmte Keilschrifttafeln warten. Keine Geringeren als Darius und sein Sohn Xerxes ließen die Texte vor 2500 Jahren in drei Sprachen auf eine Felswand meißeln. Wozu? Klar, um sich Volk und Nachwelt als allmächtige und weise Herrscher anzupreisen. Alle anderen werden in dem Talschluss, 5 km südwestlich der Stadt, vor allem die Ferienatmosphäre genießen, zum Wasserfall nach hinten spazieren, auf der Sommerrodelbahn talwärts sausen oder mit der Gondelbahn auf Hamadans Hausberg, den Kuh-e Alvand, entschweben, um auf 3500 m Seehöhe nahe dem Gipfel zu wandern. *Seilbahn: ganzjährig tgl. 9–21 Uhr | März–Dez. auch Skiliftbetrieb | Berg- und Talfahrt 230 000 Rial*

EINKAUFEN

Hamadan besitzt selbstverständlich auch, welche iranische Stadt nicht, eine große Teppichtradition. Ein spezielles Mitbringsel von hier aber ist die Keramik aus *Lalejin*. Naheliegend ist ein Ausflug in das Töpferdorf, 20 km nördlich, um selbst in den Werkstätten zu stöbern. Wenn die Zeit dafür fehlt: In Downtown Hamadan stolpert man geradezu über die wohlgeformten Vasen, Teller und Krüge.

ÜBERNACHTEN

BUALI

Sie kennen das, wenn ein Hotel vom ersten Moment an gefällt, weil es noch die Weltläufigkeit einer längst vergan-

MARCO POLO HIGHLIGHTS

★ **Falak-ol-Aflak**
Die Festung von Khorramabad diente den Kreuzfahrern als Vorbild → S. 81

★ **Basar**
Jener von Tabriz ist einer der größten und urtümlichsten des ganzen Orients → S. 82

★ **Blaue Moschee**
Auch als Abglanz ihrer selbst besticht die Moschee in Tabriz mit ihren Fliesenmosaiken → S. 82

★ **Safi-ad-Din-Mausoleum**
Eine Reise zum Ursprung der iranischen Nation nach Ardebil → S. 85

★ **Takht-e Soleiman**
Ein magischer Kraftort am Ufer eines Kratersees → S. 85

genen Ära atmet? In diesem Fall sind es die 1950er-Jahre: die Flachbauweise aus Backstein, helle Geräumigkeit, der großzügige 20-m-Außenpool, das feine Restaurant. Hinzu kommt, dass hier auch heute Vier-Sterne-Gepflegtheit herrscht. Im Juli/Aug. (tgl. 12–18 Uhr) ist der INSIDER TIPP Hotelpool auch öffentlich für Männer und Kinder geöffnet. *36 Zi. | Buali Street | Tel. 081 38 25 28 22 | www.buali.pih.ir | €€€*

YAS

Ein Billighotel, keine Frage, aber sauber, sehr zentral und mit dem gewissen Nostalgie-Touch, sprich: seltsamem Siebzigerschick in Erbsengrün. Ratsam: Zimmer mit eigenem Bad/WC verlangen! *25 Zi. | Meydan-e Imam Khomeini, Ecke Shohada Street | Tel. 081 32 52 34 64 | €*

LOW BUDG€T

Das kleine Städtchen Bonab **(134 B3)** ***(🕮 C3)*** liegt ca. 115 km südlich von Tabriz an der Strecke nach Takht-e Soleiman und ist berühmt für sein besonders leckeres Lammfleisch am Spieß. An der Hauptstraße laden etliche Kebabis zum Kalorientanken. Wie das Restaurant *Rahgozar (an der Ortseinfahrt gegenüber dem Autosalon Iran Khodro)*. Magere 150 000 Rial für eine Riesenportion samt Fladenbrot, Joghurt und roher Zwiebel.

Iran ist traditionell Fleischesserland. Darum ein zweiter einschlägiger Tipp: Kermanshahs **(134 C6)** ***(🕮 C5)*** ältestes Kebab-Haus heißt *Tabrizi (Sa–Do 8–18 Uhr | Modaress Street 7)* und serviert knusprige Spießchen sowie *Kubbideh*, Rindfleischeintopf, schon ab 80 000 Rial.

ZIEL IN DER UMGEBUNG

ALI-SADR-HÖHLE (GHAR-E ALI SADR)

● (134 C5) *(🕮 D4)*

Warum nicht zur Abwechslung einmal unter die Erde abtauchen? Noch dazu in die wohl schönste Höhle des Iran. 60 km nordwestlich von Hamadan gleiten Sie auf Booten durch eine surreale Welt aus Stalaktiten, majestätischen Felssälen und Seen. Dazwischen sind Sie ca. 1 km zu Fuß unterwegs. Besonders passend bei Regen und als Ausflug mit Kindern geeignet. An Ferientagen übervoll. *Tgl. 9–17 Uhr | Eintritt 700 000 Rial*

KERMANSHAH

(134 C6) *(🕮 C5)* **Im Ersten Golfkrieg wegen seiner großen Ölraffinerie von irakischen Raketen zerschossen, aber inzwischen wiederaufgebaut und auf striktem Wachstumskurs: Die Stadt (900 000 Ew.) pulsiert, ist für Reisende aber vorrangig als Startplatz für Ausflüge interessant.**

Ein quirliger Basar, eine Handvoll Moscheen ... Als modernes Industriezentrum lebt diese mehrheitlich von Kurden bewohnte Provinzhauptstadt ganz in der Gegenwart und Zukunft. Historische Baudenkmäler sind Mangelware. Zwei aber gibt's, und die haben es in sich.

SEHENSWERTES

TAQ-E BOSTAN

„Gartenbogen" – die deutsche Übersetzung für diese Anlage klingt ein bisschen

Taq-e Bostan: Reliefkunst bewundern und Boot fahren

nach lauschiger Laube. In Wahrheit war dieser Ort am nördlichen Stadtrand früher ein königliches Jagdrevier, und die beiden Felsgrotten mit ihren weltberühmten Reliefs dienten schnöder Politpropaganda. Mehrere Herrscher der Sassaniden-Dynastie ließen sich vor 1500 Jahren in staatstragenden Posen hoch zu Ross bei der Jagd und der göttlichen Amtseinführung verewigen. Aber das große Können, mit dem die Steinmetze hier ihre Meißel ansetzten, macht Taq-e Bostan zu einem Höhepunkt altpersischer Kunst. Schade nur, dass neuerdings ein Wassergraben den Genuss der Details aus der Nähe verhindert. Was bleibt, sind der imposante Gesamteindruck und die entspannte Stimmung an dem Quellsee, vor allem nach Sonnenuntergang, wenn Scheinwerfer die zwei Bögen golden leuchten lassen. *Tgl. 9–20, im Winter 9–18 Uhr | Eintritt 200 000 Rial*

TEKIYEH MOAVEN OL-MOLK

Also bitte, sind die hier gezeigten Szenen denn eigentlich jugendfrei? All das Blut, das da fließt bei den Geißelungen zum Gedenken an den Märtyrer Hussein! Und dann die vielen halbnackten Männerkörper! Im Ernst: An Drastik fehlt es den farbigen Fliesenbildern nicht, mit denen die Hallen und Höfe dieser wohl berühmtesten *Hoseyniyeh* (religiöser Versammlungsort) Irans großflächig ausgekleidet sind. Was aber andererseits auch wieder passt. Schließlich trafen sich in diesem um 1890 errichteten Bühnenbau die Gläubigen im heiligen Monat Muharram nicht zum Kaffeekränzchen, sondern um die Passion ihres Dritten Imam bei der Schlacht von Kerbela nachzuspielen. Und die ist eben nichts für zarte Gemüter. Der Komplex trägt den Namen eines Kermanshaher Bürgers, der für die Renovierung sorgte. *Sa–Mi 8–19, Do 8–18 Uhr | Eintritt 150 000 Rial | Hadad Abil Street*

Durchs wilde Kurdistan: Nach der Fahrt ins Uraman-Tal haben Sie selbst was zu erzählen

ESSEN & TRINKEN

Direkt gegenüber dem Eingang zum Taq-e Bostan buhlt eine Reihe von Gartenrestaurants um hungrige Touristen. Man sitzt gemütlich im Schatten alter Platanen und kann bis spätabends die Spezialitäten von Kermanshah probieren – *Dandeh Kebab*, Lammrippen, z. B. oder *Khoresht-e khalal*, Mandeleintopf.

CHELOKEBABI TAVAKOL

Ali Rahban ist der Idealtyp eines Wirtes: leutselig, fließendes Englisch beherrschend und ein Koch, der sich sogar auf Vegetarisches (und Suppen!) versteht. Und sein Lokal: ein altes Bad mit dem anregenden Flair einer leicht abgetakelten Künstlerkneipe. *Fr–Mi 10–ca. 20 Uhr | Modaress Street | Tel. 0938 9 88 33 41 |* €

ÜBERNACHTEN

JAMSHID

Von außen ähnelt der Klotz mit seiner zinnenbekrönten Fassade einer Burg. Innen aber zeigt er sich als sehr gepflegtes Haus, in dem die Gäste auch gut und reichlich verköstigt werden. Zusatzvorteil: Zum Taq-e Bostan gehen Sie keine fünf Minuten. *40 Zi. | Shahid Shirudi Boulevard | Tel. 083 34 29 60 02 |* €€€

RESALAT

Selfies für die Freunde daheim werden Sie in diesem Ambiente keine machen. Hier herrscht solides Nullachtfuffzehn vor. Nicht mehr, nicht weniger. Wenn Sie wählen können, nehmen Sie ein Zimmer im neuen Trakt. *60 Zi. | Ferdowsi Square | Tel. 083 37 24 63 659 |* €€

ZIELE IN DER UMGEBUNG

EISENBAHNFAHRT AB DORUD

Echte Weltenbummler unter den Eisenbahnfreaks nicken wissend und mit glänzenden Augen, wenn die Rede auf sie kommt. Doch die meisten kennen sie leider nicht – die Strecke zwischen Dorud (138 C2) (*D6*) und Andimeshk (138 C3) (*D6*) in der Provinz

Khuzestan. Auf ihr INSIDER TIPP windet sich die Transiranische Bahn durch das zentrale Zagros-Gebirge. Und wie! Viadukte, Tunnel, Serpentinen im Berg in Serie. Schwindelerregend spektakulär, ein ingenieurtechnischer Geniestreich aus den frühen 1930ern. Fahrzeit in eine Richtung: gut fünf Stunden. Der einzige Zug bei Tageslicht verlässt Dorud allerdings um knapp vor fünf. Ein hilfreicher Kontakt im dortigen Bahnhof ist Herr Hamid Hemati *(Tel. 0917 9789087 | hemati.h@yahoo.com)*.

Als Kurzvariante könnten Sie auch nur bis *Bisheh* (138 C2) *(D6)* fahren. Dort liegt zudem gleich unterhalb der Station einer der schönsten Wasserfälle des Iran.

KHORRAMABAD (138 C2) *(D6)*

Von der Gebirgskulisse unterwegs einmal abgesehen, gibt es eigentlich nur einen Grund, die 210 km von Kermanshah nach Khorramabad, der Hauptstadt Lurestans, auf sich zu nehmen. Doch der ist ein buchstäblich alles überragender: Die Festung ★ *Falak-ol-Aflak (tgl. 8–19.45, im Winter bis 18 Uhr | Eintritt 430000 Rial)* ist mit ihren Ausmaßen (300 x 400 m) und acht über 20 m hohen Bastionen schon äußerlich eine Wucht. Sie ist 1800 Jahre alt und die Kreuzritter nahmen sie zum Vorbild für ihre Burgen. Ganz toll ist das Museum in ihren Mauern: von Bronze- und Silberarbeiten aus der Frühgeschichte bis zum Brauchtum der Bergnomaden – zwei, drei Stunden vergehen hier wie im Flug. Am besten übernachten Sie in einem der netten Gartenpavillons des *Tourist Hotel (nahe Bahman Square und Kiu-See | Tel. 066 33225672 | €€)*.

INSIDER TIPP URAMAN-TAL

(134 B5) *(C4)*

Stimmt, es ist ein ziemlich langer Anfahrtsweg in diese entlegene Gebirgsgegend. Unter zwei Tagen macht die 400-km-Runde wenig Sinn. Dafür öffnet sich hier, hart an der Grenze zum Nordirak, ein Fenster in eine nochmals sehr andere, faszinierende Lebenswelt: die der Kurden. Außerdem gleicht die Strecke von Dezli über Nowdesheh und Paveh oder auch Palangan einer atemberaubenden Hochbahn. Mal geht es durch tiefe, grüne Täler, dann wieder Kämme entlang mit herrlichen Fernsichten. Übernachtet wird in *Uraman Takht (Uraman Takht Hotel | 12 Zi. | Tel. 0918 9776207 | €)*, dem fotogensten Terrassendorf der Region. Einen ortskundigen Guide mitzunehmen ist ebenso ratsam wie auf der Hinfahrt in der Kurdenhauptstadt *Sanandaj* für einen Spaziergang anzuhalten. Die klimatisch beste Zeit ist zwischen April und Anfang Mai. Vorab sollten Sie sich über die aktuelle Sicherheitslage informieren!

TABRIZ

(134 B2) *(C2)* **Traditionell ist Tabriz berühmt für seine Teppiche, heute auch für seine Maschinen-, Auto-, Öl- und Textilindustrie. Seit Beginn der Neuzeit war es Drehscheibe für den Austausch mit Anatolien und dem Kaukasus und in der Folge Irans Tor für neue Erfindungen und Ideen aus Europa.**

Die Nähe zu Russland und später der UdSSR bescherte der Hauptstadt der Provinz Ost-Aserbaidschan heftige Konflikte, machte sie aber auch zur Wiege der Moderne im Land. Nicht zuletzt politisch: Republikanische Bewegungen, vor allem linke, gingen fast immer von hier aus. Ihre überwiegend turkstämmigen Bewohner, die im Alltag Azeri-Türkisch sprechen, gelten als besonders tüchtig und gastfreundlich.

Auf den ersten Blick ist sie nicht un-

WOHIN ZUERST?
Tabriz' Stadtgebiet ist sehr weitläufig und ziemlich unübersichtlich. Am besten, man fährt mit dem Taxi – oder mit der nagelneuen Metro – erst einmal bis zum zentralen **Shohada-** alias **Saat-Platz**. Hier an der **Imam-Khomeini-Straße** sind einige der wichtigsten Sehenswürdigkeiten wie die Blaue Moschee, das Stadtmuseum und die Ali-Shah-Festung, ganz nah. Und über die autofreie **Tarbiyat** erreicht man auch rasch den Basar.

bedingt eine Schönheit, die Stadt mit 1,6 Mio. Ew., wie sie da in dem Hochtal zwischen den Vulkanen Sahand und Eynali hingebreitet vor sich hin wuchert. Kein Wunder, wenn man bedenkt, dass allein im 18. Jh. diverse Erdbeben und die Osmanen sie mehrmals weitgehend zerstörten. Reste der historischen Bausubstanz, darunter ein paar einzigartige, stehen noch. Der Basar ist Rückgrat und Seele dieser so alten wie wichtigen Handelsstation an der Seidenstraße und steht sogar auf der Unesco-Welterbeliste. Die vielen sympathisch-quirligen Ecken im Zentrum, z. B. die Flaniermeile *Tarbiyat* oder die Straßen um den Basar, verleihen der Stadt einen Charme, den man erleben sollte. Nur bitte nicht während des hier im äußersten Nordwesten oft harschen, langen Winters.

SEHENSWERTES

ALI-SHAH-FESTUNG (ARG-E ALI SHAH)

Klotzen statt kleckern. Und zwar ordentlich. Nirgendwo zeigt sich die Devise der mongolischen Herrscher eindrücklicher als bei dieser merkwürdigen Ruine. Sie wird nach ihrem Bauherrn, einem Wesir des Sultans, Ali-Shah-Festung genannt, obwohl sie vor dem großen Erdbeben eine Moschee war – und zwar die größte je auf persischem Boden errichtete. 35 m maß ihr Portalgewölbe in der Höhe, 65 m war es tief. Der weltweit kolossalste jemals aus Backsteinen geschichtete Bogenbau. Schauriges Detail: Alte Chronisten schildern, dass man von seinem Dach Verbrecher in den Tod stürzte. *Frei zugänglich | Imam Khomeini Street*

BASAR ★

3,5 km lange, größtenteils mit Ziegelgewölben gedeckte Gassen, zwei Dutzend Karawansereien, Kaufhallen: Der Basar von Tabriz ist einer der größten und auch ältesten des Orients und einer der urtümlichsten dazu. Die einzig angemessene Art, sich in diesem Irrgarten fortzubewegen, ist, sich absichtslos einfach treiben zu lassen. Halt, nein! Nach zwei, drei Orten müssen Sie sich gezielt durchfragen: dem Gold- und Schmuck- und dem Gewürzbasar sowie nach der *Mozzafarieh*, der großartigen Halle der Teppichhändler. Der Haupteingang zum Basar liegt am nördlichen Ende der Ferdowsi-Straße. Dort finden Sie in einem Haus rechts auch das *Tourismus-Infobüro (Sa–Do 9–14, 16–19 Uhr | Tel. 0914 116 0149)*, geleitet vom sehr hilfsbereiten Herrn Nasser Khan. *Basar geöffnet Sa–Do ca. 8–20 Uhr*

BLAUE MOSCHEE (MASJED-E KABUD) ★

Welche Tragik! Da gibt man als Fürst einer Regionaldynastie Mitte des 15. Jhs. eine Moschee in Auftrag, so prächtig, wie sie die Welt bis dahin nicht gesehen hatte. Und tatsächlich wird der fertige Bau, vor allem sein Fliesendekor, von allen als Wunder gerühmt. Dann rüttelt 1721 die Erde für ein paar Sekunden, wobei

Die Mittagssonne linst in die jahrhundertealten Basargassen von Tabriz

der Boden auf einen Schlag um 14 m absackt – das muss man sich auch mal bildhaft vorstellen. Und die ganze Pracht ist einfach so dahin. Der ruinöse Rest blieb lange Zeit sich selbst überlassen. Vor einer Generation dann hat man den Zentralkuppelbau wiederhergestellt – allerdings überwiegend schmucklos. Doch am Eingangsportal und stellenweise im Inneren sieht man noch Beispiele der fantastischen, mit schwarzen, grünen, braun-roten und goldenen Floralornamenten auf kobaltblauem Grund versehenen Mosaike, die früher einmal sämtliche Flächen überzogen. *Tgl. 8–17.30 Uhr | Eintritt 150 000 Rial | Imam Khomeini Street*

INSIDER TIPP HAUS DER VERFASSUNG (KHANEH MASHROUTEH)

Eine Unterrichtsstunde für Hobbyhistoriker: Anfang des 20. Jhs. kämpften fortschrittliche Kräfte von Tabriz aus für eine moderne Rechtsordnung, forderten ein Parlament, Meinungsfreiheit und Wahrung der Menschenrechte. Die Anführer dieser konstitutionellen Revolution gegen den übermächtigen König trafen sich in diesem Bürgerhaus. Ihnen zu Ehren ist es heute ein Museum und dank vieler Fotos und englischer Beschriftung auch für Nichtiraner aufschlussreich. *Tgl. 9–20 Uhr | Eintritt 150 000 Rial | Motahari Street*

OST-ASERBAIDSCHAN-MUSEUM (MUZE-YE AZERBAIJAN-E SHARQ)

Sensationen lagern in den Museumsvitrinen nicht. Aber einen sehr schönen Überblick über mehrere Jahrtausende iranischen Kunsthandwerks, Metallgefäße, Keramiken, Rollsiegel, Bronzen, frühgeschichtliche Statuen, liefern die vielen Exponate auf jeden Fall. Gleich neben der Blauen Moschee. *Tgl. 8–17.30 Uhr | Eintritt 200 000 Rial | Imam Khomeini Street*

Nur einer der mit Fliesen geschmückten Torbögen am Safi-ad-Din-Schrein

ESSEN & TRINKEN

DELESTAN

Eine alte Regel: Wo einheimische Mittelstandsfamilien um die Wette schlemmen, da lass dich nieder. Der Rahmen ist fast bürgerlich proper, das Essen herzhaft und trotzdem raffiniert. *Tgl. 13–23 Uhr | Bahman Boulevard 29 (rechter Eingang) | Tel. 0413 3 33 00 34* | €€€

INSIDER TIPP HEZAR DASTAN

Rein optisch macht das Restaurant auf nostalgisch – die Speisekarten verblichen und mit Absicht zerfleddert, an den Wänden Schwarzweißfotos, die Vitrinen voll Nippes. Passt. Schließlich ist es nach einer in der frühen Pahlevi-Ära spielenden Fernseh-Soap „1000 Hände" benannt. In der Küche jedoch wird nichts aufgewärmt. *Kubideh Kebab, Dizi* und die typischen Tabrizer *Kufteh*, Hackfleischknödel, alles frisch und köstlich. *Tgl. 8–23 Uhr | Abrasan-Kreuzung | Tel. 0413 33 34 34 39* | €€

SHARIAR

Bis in die 1990er wurden in den schönen Gewölben des Hamam Nobar noch Körper geschrubbt und geknetet. Seit ein paar Jahren tischt man hier azeri-türkische Spezialitäten auf. Besonders einladend auch das Teehaus, die gepolsterten Nischen und Holzbetten im Hof und auf dem Dach. Wer nur kurz schauen, nicht konsumieren will, ist trotzdem ausdrücklich willkommen. *Tgl. 11–24 Uhr | Imam Khomeini Street, nahe Saad Square | Tel. 0413 5 54 00 57* | €€

FREIZEIT & SPORT

EL GOLI

Bequem mit der U-Bahn erreichbar ist dieser Park am südöstlichen Stadtrand. Das Gelände wurde schon vor 600 Jahren angelegt. Der Restaurantpavillon inmitten des künstlichen Teichs war im 19. Jh. als Sommerpalast der qadscharischen Prinzen gebaut worden. Wen kümmert's? Die Familien, die hier heutzutage an Freitagen in Scharen picknicken oder im Lunapark nebenan Karussell fahren, sicher nicht. Und als Zugereister kommt man auch eher zum Durchatmen und Leutebeobachten. *Frei zugänglich*

ÜBERNACHTEN

DARYA

Ein privates Gästehaus, schlicht, aber sauber, familiär und freundlich, in Gehdistanz zum Basar. Fragen Sie nach rückseitigen Zimmern mit Bad/WC. Nicht verwechseln mit dem gleichnamigen

Hotel! *25 Zi. | Mohaqqeqi Street | Tel. 0413 5 54 00 08* | €

TABRIZ INTERNATIONAL

Hier übernachten Sie nicht einfach, sondern Sie logieren – sehr gepflegt, in Zentrumsnähe. Auch was das Essen betrifft, wird man vom Frühstücksbüfett wie im Restaurant draußen am großen Brunnenbecken verwöhnt. *130 Zi. | Imam Khomeini Avenue | Tel. 0413 33 41 08 19 | www.tabrizhotel.co* | €€€

ZIELE IN DER UMGEBUNG

ARDEBIL (134 C2) (*D2*)

Die 210 km östlich von Tabriz gelegene Stadt würde touristisch unter ferner liefen rangieren, hätte nicht vor 700 Jahren ein gewisser Scheich Safi ad-Din hier einen Derwischorden geleitet. Der Mystiker war der geistige Vater der Safawiden, jener Dynastie, die kurz nach 1500 den Iran einte, zu großer Blüte führte und den Schiismus zur Staatsreligion machte. Zum Dank schuf man das ★ *Safi-ad-Din Mausoleum*, das die Fahrt in diese ferne Landesecke absolut lohnt.

Ein reizender Rosengarten, ein von türkisfarbenen Ziegelornamenten umrahmter Hof – dann stehen Sie schuhlos im Herzen der Anlage, wo vor seiner Übersiedlung nach London der wohl berühmteste echte Perser, der „Jagdteppich von Ardebil", lag. Hier ruhen in zwei Grabkammern Scheich Safi und Ismail I., der erste Safawiden-Schah. Und noch ein Höhepunkt zur Linken, das Porzellanhaus: Das heißt so, weil in seinen goldlackierten Nischen aus Gips eine kostbare Glas- und Geschirrsammlung aufbewahrt wurde, bevor die Russen sie vor 200 Jahren raubten. *Tgl. 9–19, im Winter 9–17 Uhr | Eintritt 200 000 Rial*

Das beste Hotel der Stadt ist das *Sabalan (30 Zi. | Sheikh Safi Street, ganz nahe dem Eingang zum Mausoleum | Tel. 0453 3 23 29 10* | €€).

KANDOVAN (134 B3) (*C2*)

Göreme lässt grüßen. Wie im türkischen Kappadokien haben die Bauern auch hier, 55 km südlich von Tabriz, in grauer Vorzeit Höhlen als Zufluchtsorte in die weichen Tuffsteinkegel geschlagen. Heute dagegen ist ihr Leben in den mehrstöckigen Wohnungen eher sorglos, weil lukrativ: Die vielen Touristen, die fotografierend auf den steilen Wegen umhersteigen, kaufen gerne Honig, Kräuter und das heilkräftige Quellwasser des Orts. Für den Fall, dass Sie in völliger Stille in der frischen Höhenluft übernachten wollen: Eine sehr originelle, luxuriöse Bleibe ist das *Laleh Rocky Hotel (32 Zi. | vor der Ortseinfahrt | Tel. 0415 83 46 06 16 | www.lalehhotels.com* | €€€), ein Höhlenhotel!

TAKHT-E SOLEIMAN ★ (134 C4) (*D3*)

„Kraftort" würden heutige Esoteriker diesen von einer heißen Quelle gespeisten Kratersee 330 km südöstlich von Tabriz wohl nennen. Ähnlich dürften auch die Sassaniden empfunden haben, als sie hier, fern jeder Stadt, vor 1700 Jahren eines ihrer zentralen Feuerheiligtümer schufen. Und ähnlich auch die mongolischen Herrscher, als sie sich im 13. Jh. an derselben Stelle einen Jagdpalast bauten. Von beiden Anlagen sind nur Ruinen übrig – was die magische Aura des Ortes nur noch erhöht. Abgesehen von der Landschaft, diesem von Sinterhügeln durchsetzten Hochtal, das für sich allein Grund genug ist für die lange Fahrt hierher. *Tgl. 8–20, im Winter 8–18 Uhr | Eintritt 200 000 Rial*

Übernachtung in Takab, der nächsten Stadt, im *Hotel Takht-e Soleiman (22 Zi. | Imam Khomeini Street | Tel. 044 45 53 67 53 36* | €).

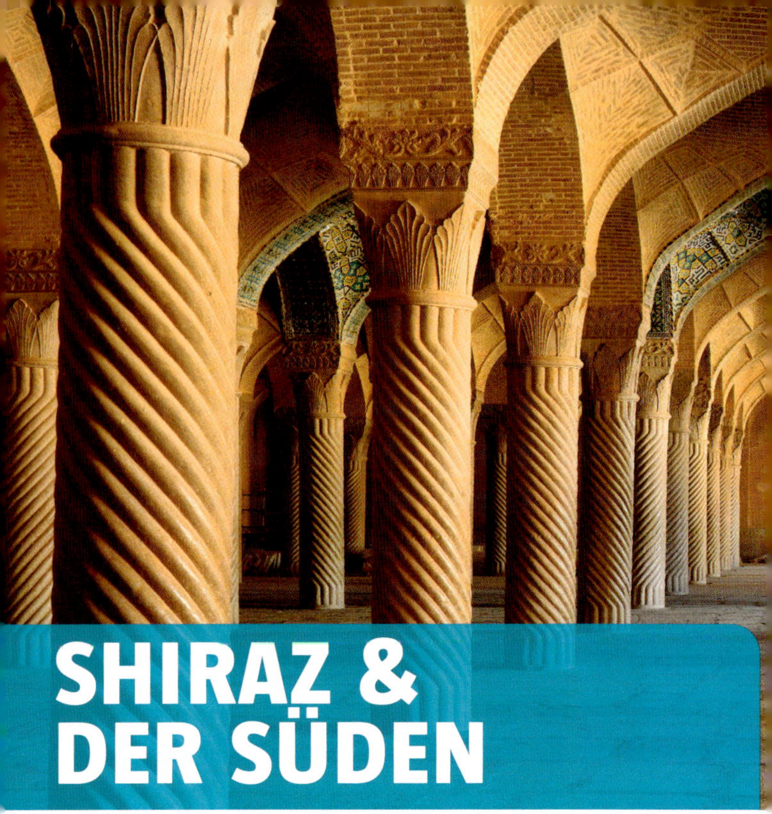

SHIRAZ & DER SÜDEN

Wälder und Wasserfälle, Wüsten und Salzseen, Ferieninseln mit langen Sandstränden, immergrünes Tiefland, schrofffelsiges Hochgebirgsland und mittendrin eine weltläufige Kulturmetropole: Wem da langweilig wird, ist wirklich nicht zu helfen.

Selbst wer sich nur sehr am Rand für Geschichte und Kunst interessiert, kommt um sie nicht herum: Persepolis, Pasargadae und Naqsh-e Rostam, die Ruinenstätten der Alten Perser, sind in ihrer legendären Größe und Schönheit Pflicht. Wie die Pyramiden in Kairo oder die Akropolis in Athen. Ebenfalls unverzichtbar, wenn man nicht völlig immun gegen die Faszination früher Hochkulturen ist, wenigstens ein Abstecher in den äußersten Südwesten. Die Provinz Khuzestan, Zentrum der neuerdings wieder boomenden Erdöl- und Erdgasindustrie des Landes und in den 1980er-Jahren Frontgebiet im grausigen Krieg gegen Saddam Husseins Irak, besaß schon vor vier-, fünf-, sechstausend Jahren blühende Städte.

Ganz in der Gegenwart des 21. Jhs. angekommen fühlt man sich hingegen in Shiraz. Zwar besitzt auch die Hauptstadt der so geschichtsträchtigen Provinz Fars jede Menge historischer Baudenkmäler. Doch gleichzeitig ist sie erfrischend jung und dynamisch, eine typische Uni-Stadt. Kein Wunder, dass viele Iraner Shiraz als ihre heimliche Hauptstadt bezeichnen.

Sehr anders tickt der tiefe Süden. Am Persischen Golf spürt und sieht man deutlich die Einflüsse aus Arabien und sogar Afrika – in der Musik, Sprache und

Bild: Vakil-Moschee in Shiraz

Im Süden lernen Sie iranisches Strandleben kennen sowie Wunderbauten zu Ehren von Göttern und Königen

Küche, an der Kleidung und an den bunten Gesichtsmasken der Frauen. Einige Häfen wie Abadan, Bushehr, Bandar Abbas, sind Großstädte mit Anschluss an die Weltwirtschaft. Andere, bspw. Siraf oder Hormuz, von denen aus schon vor 1000 und mehr Jahren Überseehandel getrieben wurde, liegen im Dornröschenschlaf. Überhaupt sind weite Abschnitte des über 1500 km langen Küstenstreifens touristisch so gut wie gar nicht erschlossen. Und das trotz mancher durchaus idyllischer Buchten und streckenweise hochdramatischer Gebirgsszenerien. Einzige Ausnahmen sind die Inseln Qeshm und Kish, auf denen Sonnenanbetern, Wassersportlern und Naturliebhabern Schnee und Minustemperaturen des Nordens genussvoll egal sein können. Apropos Witterung: So angenehm warm die küstennahen Gebiete im Winterhalbjahr sind, das restliche Jahr über zeigt ihr Klima seine Krallen. Von Mai bis in den Oktober hinein sollten Sie die Region wegen der extrem hohen Temperaturen und Feuchtigkeit meiden.

Vorbild für den Turmbau zu Babel? Auch in Chogha Zanbil ist eine Zikkurat zu bewundern

AHVAZ

(138 C4) (🗺 D7) **Schönheitswettbewerb gewinnt die Hauptstadt der Provinz Khuzestan (1,1 Mio. Ew.) keinen. Auch ihre Vergangenheit ist kurz und blass.** Von sich reden machte sie erst im 20. Jh. als Flusshafen, Knotenpunkt der transiranischen Eisenbahn und Standort der petrochemischen Industrie. Aber sie ist mit ihrem Airport nun mal das Eingangstor in diese südwestliche Tieflandregion, besitzt die meisten und besten Hotels und auch sonst die nötige Infrastruktur zur Erkundung des Umlands.

SEHENSWERTES

Viel zu preisen gibt es in dieser Rubrik leider nicht. Am ehesten noch den bis spätabends belebten ● *Fischmarkt*, dessen Verkaufstische sich unter dem Frischfang aus dem nur 100 km entfernten Meer biegen; eventuell noch die Uferpromenade am und die diversen elegant geschwungenen Brücken über den Karun-Fluss, vor allem die „siebte“ mit ihrem bei Dunkelheit farbig illuminierten Wasservorhang. Oder, mit Abstrichen, den an den kühleren Tagesrändern erfrischend quirligen Basar.

ESSEN & TRINKEN

BAGH-E MOHIN

Ein Gartenrestaurant, zwei Gehminuten vom Hotel Pars ganz nah am Fluss gelegen. Ruhig, schattig, spezialisiert auf Seafood und Lamm. *24 Metri Street | Tel. 061 32 23 91 53 |* €€

EMPEROR

Eine herausragende Adresse in zweierlei Hinsicht: buchstäblich – es handelt sich in Airport-Nähe um ein Panorama-Drehrestaurant, und kulinarisch – wo sonst in Ahvaz bekommen Gourmets etwa neben tadellosem Büfettessen Kalamari oder Hummer? *Pasdaran Boulevard, Abzwei-*

ger Airport Road | Tel. 061 344 42 00 56 | €€€

ÜBERNACHTEN

OXIN

Vor Glück ins Jauchzen gerät man als Gast hier zwar nicht. Aber Ambiente und Service sind mehr als ok, der Flughafen nah und das hauseigene Seafood-Restaurant ausgezeichnet. Zwei Highlights der Speisekarte: Fischeintopf und -kebab. *51 Zi. | Pasdaran Highway, Mellat Avenue | Tel. 061 34 47 47 20 |* €€

PARS

Das Flaggschiff unter den örtlichen Hotels. Direkt neben der alten Hängebrücke, mit schönem Flussblick von den oberen Etagen, gehobenem Komfort, Outdoor-Swimmingpool und zu Recht gelobtem Restaurant. Spezialität: fangfrischer Löwenfisch mit Kräutern *(Ghalieh Mahi). 129 Zi. | Saheli Boulevard, Ecke Abedi Street | Tel. 061 3 22 20 09 15 |* €€€

ZIELE IN DER UMGEBUNG

CHOGHA ZANBIL ★ (138 C3) (*D7*)

Den Turm zu Babel kennt man aus der Bibel. Auch vom Bautypus der Zikkurat, wie sie im Alten Mesopotamien als Kultstätten zu Ehren lokaler Gottheiten zuhauf in der Gegend rumstanden, hat man vielleicht schon gehört. Aber dass die als Original am besten erhaltene solche Stufenpyramide auf iranischem Boden steht? Mehr als 3200 Jahre hat der künstliche Berg aus Lehmziegeln, 125 km nördlich von Ahvaz, auf dem Buckel. Er war der Mittelpunkt einer elamischen Tempelstadt namens *Dur Untash* und wurde 1979 schon Irans erste Unesco-Welterbestätte. Umwandern Sie die 105 mal 105 m große Struktur, bestaunen Sie die gemauerten Opfertische zu Ihren Füßen und die auf manchen Ziegeln eingeritzten Keilschriftzeichen. Vergessen Sie ja nicht Hut, Sonnencreme oder Schirm! Die Sonne des Tieflands brennt unerbittlich auf das baumlose Areal herunter, in

MARCO POLO HIGHLIGHTS

★ Shushtar
Ein Ensemble antiker Wassermühlen und Bewässerungskanäle in einem malerischen Felstal → S. 90

★ Naqsh-e Rostam
Staunend steht man vor den Felsgräbern der vier altpersischen Könige → S. 98

★ Susa
Die Reste der legendären Residenzstadt mit 6000-jähriger Geschichte → S. 90

★ Hafis-Mausoleum
In Shiraz sind viele Moscheen und Grabmale zu sehen. Das stimmungsvollste ist das Mausoleum des größten aller persischen Dichter → S. 95

★ Geopark
Eine ganze Insel als faszinierendes Freiluftatelier des allmächtigsten Bildhauers → S. 93

★ Persepolis
Die prominenteste und erhabenste Ruinenstätte des Alten Persien → S. 99

★ Chogha Zanbil
Die größte im Original erhaltene Stufenpyramide des gesamten mesopotamischen Raums → S. 89

dem es so gut wie keine Infrastruktur, nicht einmal einen Getränkestand gibt. *Tgl. 7–18 Uhr | Eintritt 200 000 Rial*

SHUSHTAR ★ (138 C3) (*D7*)
Na, da sprudelt und gischtet es aber gewaltig: und das schon seit gut 1700 Jahren. Damals meißelten römische Kriegsgefangene der Sassaniden in dieser uralten Stadt am Katarakt des Flusses Karun ein kompliziertes System von Bewässerungstunneln, Kanälen *(Qanaten)* und Staubecken in den Uferfels. Auch einen grandiosen Zwitter aus Wehr und Bogenbrücke, genannt *Band-e qaisar*, „Damm des Cäsar", bauten sie. Später kamen reihenweise Wassermühlen hinzu. Das Gesamtkunstwerk der genialen Ingenieure blieb bis heute weitgehend erhalten. Es ist Unesco-Welterbe und, kein Wunder, eine Pflichtstation auf jeder Sightseeingtour durch das Tiefland. *Tgl. 8.30–20, im Winter 8.30– 19 Uhr | Eintritt 200 000 Rial*
Wer hier, 90 km nördlich von Ahvaz, übernachten will, tut das am besten im INSIDER TIPP *Sarabi House (9 Zi. | Abdollah-banoo Street | Tel. 0613 6 22 22 91 od. 0916 6 13 32 12 | www.shushtar-hotel.com | €)*

SUSA ★ (138 C3) (*D6*)
Dieser Superlativ ist nur schwer zu toppen. Geschätzte 6000 Jahre schon besitzt der 130 km nördlich gelegene Ort städtischen Charakter. Zwei Dutzend Siedlungsschichten haben Archäologen ergraben, die tiefstgelegene aus der Jungsteinzeit. Als Sitz der Könige von Elam war er bereits im späten 3. Jt. eine Metropole und im altpersischen Weltreich eine der Residenzstädte. Von all dem Glanz ist auf der Siedlungsterrasse, die sich fahlbraun und kahl über die ganzjährig sattgrüne Flussebene erhebt, kaum noch was zu sehen. Susa ist mehr Mythos als Realität. Aber gerade wegen der Aura einen Besuch *(tgl 9–20, im Winter bis 19 Uhr | Eintritt 200 000 Rial)* wert. Auch weil neben den spärlichen Resten, Grundmauern, Fragmenten von Säulen und Dekor, ein beachtliches Museum *(Mo geschl. | zusätzl. 150 000 Rial)* und in einem INSIDER TIPP Videoraum gleich daneben, ein Dokufilm in 3D von der Geschichte und einstigen Größe erzählen *(im Ticket für das Gelände enthalten)*. Beste Besichtigungszeit ist kurz vor Sonnenuntergang.

KISH

(143 E4) (*G11*) **Wenn ein Ort in der Islamischen Republik Fun und Ferienfeeling verströmt, dann diese Insel mit ihren heute knapp 30 000 Einwohnern.** Festland-Iraner, speziell Teheranis, schwärmen von Kish denn auch als Urlaubsparadies, wo die Winter warm, die Sitten lockerer und die Sandstrände fein sind; wo das Meer azurblau und die Palette für Entertainment, vom Wassersport bis zur Shopping-Ekstase, konkurrenzlos bunt ist und sogar das Nachtleben seinen Namen wert.
Anreise per Direktflug aus Dubai oder Teheran, mit Schnellboot oder Fähre von Bandar-e Charak bzw. Bandar-e Lengeh. Für einen bis zu zweiwöchigen Aufenthalt ist kein Visum nötig! Auf der Insel gibt es viele Taxis und sogar Mietwagen, fragen Sie einfach im Hotel nach.

SEHENSWERTES

Bei all dem Rummel von heute: Dieses 16 mal 8 km große Eiland hat als Handelsstützpunkt auch eine Vergangenheit. Beweise? An seiner Nordküste z. B. die Reste der frühislamischen Hafenstadt *Harireh (frei zugänglich)* und die 2500 Jahre

Am Marjan-Strand von Kish ist man auf Bootstouristen eingestellt

alte, unterirdische Stadt *Kariz (tgl. 9–21 Uhr | Eintritt 250 000 Rial)*. Viel jüngeren Datums ist das *Wrack* eines griechischen Frachtschiffs an der Westspitze und speziell bei Sonnenuntergang als Fotomotiv sehr populär.

KISH HOUSE

Charmante Einblicke in den Alltag der Insulaner, als sie noch ausschließlich vom Perlentauchen und Fischfang lebten. Handwerk, Hausrat, Kulinarik im Originalambiente mit viel Liebe zum Detail präsentiert. *Tgl. 9–19 Uhr | Eintritt 150 000 Rial | Alt-Safain, Fishmarket Street | www.kish-house.com*

ESSEN & TRINKEN

HAFEZIYEH

Esslokale gibt es auf Irans Ferieninsel Nr. 1, welch Überraschung, jede Menge. Was dieses auszeichnet? Die Lage am „Korallenstrand", einer idyllischen Bucht mit Palmen, Bougainvilleen satt und Strohhütten als Schattenspendern. Ach ja, das Essen, traditionell und mit viel Fisch, ist auch ein Vergnügen. *Tgl. | Marjan Beach | Tel. 0764 4 46 62 20* | €€

EINKAUFEN

Als Freihandelszone gilt Kish unter Iranern dank der im Vergleich zum Festland stark reduzierten Einfuhrzölle und Steuern als Shoppingparadies. Ob das Europäer auch locken kann? Die Preise sind auch nicht niedriger als in Dubai und die Einsatzmöglichkeiten für Kreditkarten immer noch sehr beschränkt. Jedenfalls gibt es massenhaft Malls, viele auch reich bestückt mit Fake-Boutiquen Marke Gucci, Prada & Co. Zu den Renommieradressen zählen *Damoon, Morvarid, Pardis* und *Roya*. Rezeptionisten und Taxifahrer helfen beim Finden.

FREIZEIT & SPORT

Wakeboarding, Jet-Skiing, Paragliding und natürlich Schwimmen, Schnorcheln, Tauchen: willkommen

Wasser, Wind und Tektonik arbeiten an Kalkschichten – fertig ist die Insel Qeshm

im iranischen Paradies für Wassersportler! Ihr bevorzugter Treffpunkt ist das *Kish Diving Center (www.kishdiving.com)*, eine herbe Enttäuschung jedoch: dass sich Frauen selbst hier zum (Sonnen)Baden in strikt sichtgeschützte Zonen zurückziehen müssen. Eine sehr löbliche Idee hingegen war, rund um die Insel das gesamte Ufer entlang einen Radweg anzulegen, Länge: 75 km. Etliche Verleihstellen für Fahrräder, Tandems und E-Scooters, die meisten am zentralen *Sahel Beach* hinterm Hotel Shayan.

ÜBERNACHTEN

DARIUSH

Warum es nicht einmal so richtig krachen lassen? Dieses Grand Hotel ist Las Vegas auf Persisch im neo-antiken Stil à la Persepolis. Mit eigenem Strand, Riesenpools, Luxusbüfetts, Gym, Tennis, Airport-Center und, und, und. *190 Zi. | Persian Golf Boulevard | Tel. 0764 4444900 | www.dariushgrandhotel.com* | €€€

AUSKUNFT

Tourist Office im Gebäude der Freihandelsbehörde. *Fr geschl. | Sanaee Boulevard | Tel. 0764 4422434*

QESHM

(143 F3–4) (*🕮 H–J 10–11*) **Die mit Abstand größte Insel des Iran (130 000 Ew.) ist eine landschaftliche Kostbarkeit mit großem ökotouristischen, aber auch ökonomischen Potenzial.**

In ihrem Hauptort, der auch Qeshm heißt, beginnt gerade das Big Business zu brummen. Die Insel ist Freihandelszone. Chinesische Investoren stehen in den Startblöcken. Eine Riesenraffinerie und eine Brücke zum Festland sind in Bau. Doch überwiegend wartet Natur pur: atemberaubend bizarre Gebirgsstrukturen, lange, unverbaute Sandstrände, viele Zugvögel – Hobbyornithologen: Ferngläser mitbringen! – und sogar Mee-

resschildkröten, bei deren INSIDER TIPP Eiablage man nahe dem Südküstendorf *Shibderaz* zwischen März und Juni an einem Strand, der dann eigens abgesteckt und bewacht wird, dabei sein kann (auch Erlebnistour 4, S. 111).
Anreise per Direktflug aus Dubai oder diversen Festlandstädten, mit dem Schnellboot von Bandar Abbas oder, weiter westlich, der (Auto)Fähre von Bandar-e Pol.

SEHENSWERTES

Daran, dass Qeshm seit jeher Fernhändler angelockt hat, erinnern die *Ruine einer Portugiesenfestung* und, in dem fotogenen Hafenstädtchen *Laft*, eine noch aktive Werft für *Lenj*, die altgedienten, hölzernen Übersee-Frachtkähne.

GEOPARK ★

Als hätte der Schöpfer diese Insel zu seinem Speziallabor für Experimente zum Thema Erosion und Tektonik gemacht: Was für spektakuläre Felsformationen! Glanzstücke des Geoparks sind das *Tal der Sterne* *(Eintritt 50 000 Rial)*, der *Chahkuh-Canyon* und der 7 km lange *Salzdom Namakdan. Tagsüber frei zugänglich | www.qeshmgeopark.ir*

INSIDER TIPP HARA-MANGROVEN

Ein Bootsausflug an der Nordküste in die ausgedehnten Mangrovenwälder ist ein luftiges Vergnügen und dazu eines mit Öko-Mehr- und Lehrwert. Als Lebensraum für über 100 Zug- und Wasservögelarten sind sie streng geschütztes Biosphärenreservat. Die Bootskapitäne warten an Ablegern u. a. bei den Dörfern Tabl und Soheili. Abfahrten sinnvollerweise nur bei Flut, Fernglas und am besten auch einen lokalen Guide mitnehmen. *60-minütige Rundfahrten pro Boot ca. 1–1,3 Mio. Rial*

ESSEN & TRINKEN

KURDESTAN

Die führende Kebabadresse in Qeshm City. Kein Ausbund an Eleganz, dafür handfest und gut. *Tgl. 12–16, 19–23 Uhr | Pardis Junction | Tel. 0763 5 22 81 42 | €*

ÜBERNACHTEN

INSIDER TIPP AMINI-HOSTEL

In Qeshm City gibt es etliche propere Stadthotels. Authentischer aber (und dazu preiswerter) schläft sich's in traditionellen Gästehäusern, z. B. dem von Captain Amini. Gutes Essen, serviert im palmbeschatteten Innenhof. *10 Zi. | Tabl, im Inselzentrum nahe den Mangroven | Tel. 0917 7 67 76 01 | www.amini-hostel.com | €*

ZIELE IN DER UMGEBUNG

BANDAR ABBAS (143 F3) (*J10*)

Wenn Sie nicht gerade im Ölverlade- oder Containergeschäft ihre Brötchen verdienen, wird die größte Hafenstadt (500 000 Ew.) des Iran Sie nicht wirklich begeistern. Ein paar Zwischenstopps sollten Sie dennoch einlegen, ehe Sie Richtung Qeshm oder Hormuz ablegen: im modernen, wirklich sehenswerten *Volkskundemuseum (Pasdaran Boulevard | Sa–Do 9–22 Uhr | Eintritt 100 000 Rial)*, am östlichen Stadtrand beim *Schrein (Imamzadeh)* von Seyed Mozaffar und am originellen *Hindutempel* im Zentrum. Wallfahrten der Sinne versprechen der große *Fischmarkt* und der Ausflug, 90 km ostwärts, zum wunderbar kunterbunten INSIDER TIPP *Wochenmarkt (donnerstagvormittags)* des Städtchens Minab.
Gepflegt essen lässt sich in Bandar Abbas z. B. im Restaurant Fanoos *(tgl. 12–22.30 Uhr | Vali-e Asr Square | Tel. 0761 2 22 54 50 14 | €€)*.

HENGAM (143 F4) *(🕮 J11)*
Entspannung total. Auf dem von Shibderaz an der Südküste mit einem Hüpfer im Außenborder erreichbaren Eiland fühlen Sie sich (fast) wie in der Südsee. Glasklares Wasser, feinsandige Buchten, ein kleines Stranddorf mit Minibasar und Strohhütten, in denen man köstlich essen und (um 350 000 Rial p. Pers.) sogar übernachten kann. Mit dem Boot geht´s aufs offene Meer zum INSIDER TIPP Delphine beobachten. Ohne Vorreservierung. Info vor Ort bei *Afshin Hengami (Tel. 0917 9 77 30 56 | dolfhengam@yahoo.com)*.

HORMUZ (144 A3) *(🕮 J10)*
Das Inselchen, das der Meerenge seinen Namen gab, hat eine strategisch überragende Bedeutung, zu sehen an den Konvois von Öltankern am Horizont. Wie lange schon, zeigt die Ruine der 500 Jahre alten *Portugiesenfestung (tgl. 7 Uhr bis Sonnenuntergang | Eintritt 150 000 Rial)*. Im einzigen Dorf (5700 Ew.) sagen sich Fuchs und Hase gute Nacht. Doch gerade diese Abgeschiedenheit plus die bizarr-bunten Felsen und Sande lohnen eine Stippvisite. Besuchen Sie das INSIDER TIPP *Paradise Art Center* des renommierten Umweltkünstlers Ahmad Nadalian *(Tel. 0912 148 21 77 | www.riverart.net)*.
Erreichbar mit komfortablen Fähren direkt von Qeshm oder von Bandar Abbas.

SHIRAZ

KARTE AUF S. 146/147
(139 F5) *(🕮 F8)* **Shiraz, das schwärmt einem jeder Führer vor, sei die Stadt der Rosen und Nachtigallen, der Poesie, der Gelehrsamkeit und des Weines. „Keine Klischees bitte!", stöhnen Sie? Na, dann kommen Sie mal im Frühjahr!**

WOHIN ZUERST?
Zitadelle Karim Khan (147 D5): Von hier ist es nicht weit zu Fuß zur Vakil-Moschee, dem gleichnamigen Bad und zum Basar. Nach einer Pause im Teehaus des Saray-e Moshir folgen ein Abstecher zur Moschee Nasir al-Molk, dann der Besuch des Heiligtums Shah Cheragh. Zum Hafis-Mausoleum nimmt man aber am besten ein Taxi.

Da trällern die Bülbüls tatsächlich im Chor und breitet die Blume der Liebe nicht nur über die vielen prächtigen Gärten, sondern über die ganze Stadt ihre Duftpolster aus. Was die Dichter betrifft: Die Gräber der Größten, allen voran das von Hafis, sind bis heute Wallfahrtstätten für Jung und Alt. Ihre weihevolle Atmosphäre bezaubert, wetten?, auch jeden Westler. Nur die Geschichte von der Shirazer Traube hat einen Wermutstropfen: Seit die Iranische Republik eine islamische ist und Alkohol offiziell tabu, wird sie nur noch zu Tafelobst und Rosinen verarbeitet.
In manchen Bezirken ist Shiraz sehr kultiviert, ja mondän, mit trendigen Restaurants, Boutiquen, Cafés. Für viele ist diese Zwei-Mio.-Stadt ein Sehnsuchtsort. Für Iraner schon immer wegen des milden Klimas. Ein Kranz von Bergen schützt und versorgt sie reichlich mit Wasser. Für einheimische Studenten wegen ihrer Topuni und für Patienten wegen der, auch im internationalen Vergleich, hervorragenden Krankenhäuser. Und für Gäste aus aller Welt wegen der Fülle an Kunstdenkmälern und ihrer zentralen Rolle in der Geschichte. In der Provinz Fars nämlich, deren Hauptstadt Shiraz ist, stand die Wiege des Alten Perserreiches, ballt sich heute Unesco-Weltkulturerbe

Treffpunkt für Lyrik-Fans und Liebespaare: das Hafis-Grab

in Form einzigartiger Ruinen, Moscheen und Mausoleen.

SEHENSWERTES

ERAM-GARTEN (BAGH-E ERAM) (146 A1–2)

Der beliebteste und prächtigste der vielen Gärten. Idealer Ort zum Verschnaufen und Blütenschnuppern nach einem Besichtigungsmarathon. *Tgl. 9–13, 15–19 Uhr | Eintritt 200 000 Rial*

HAFIS-MAUSOLEUM (HAFEZIYEH) ★ (147 F3)

Wer sein Herz hier nicht schmelzen spürt, der hat wohl keines. Der Besuch am Grab des weisen Dichters hat noch jeden betört. Reizend speziell nach Sonnenuntergang: die vielen Liebespaare, die hier gemeinsam Verse rezitieren und händchenhaltend durch die Musalla-Gärten schlendern.

Zusatzoption für Fans persischer Poesie: Gut 2 km weiter östlich liegt das *Grab von Saadi. Beide: tgl. 8–21.30 Uhr | Eintritt jew. 200 000 Rial*

KARIM KHAN-ZAND-ZITADELLE (ARG-E KARIM KHAN) (147 D5)

Anfangs war es ein Wohn- und Regierungspalast, in der Pahlevi-Zeit Polizeiquartier und Gefängnis, heute ist es ein Museum: Die Karriere dieses Festungsbaus aus dem 18. Jh. ist abwechslungsreich. Hinter seinen massiven Ziegelmauern und Ecktürmen flanieren Sie zwischen Orangenbäumen und Wasserbecken. In einer Ecke liegt ein reich sortierter Kunsthandwerkmarkt, in der Ecke gegenüber ist das ehemals königliche Hammam zu besichtigen. *Tgl. 8–20, in Winter bis 18 Uhr | Eintritt 100 000 Rial*

NAZIR AL-MOLK-MOSCHEE (MASJED-E NASR AL-MOLK) (147 D6)

Noch ein Juwel der Sakralarchitektur: vergleichsweise jung, aber mit seinem floralen Fliesendekor und in buntes Licht getauchten Gebetssaal einfach wunderschön anzusehen. *Tgl. 8–11.30, 15–17.30 Uhr | Eintritt 150 000 Rial*

SHAH CHERAGH-MAUSOLEUM (BOQEH-YE SHAJ CHERAGH) (146 C6)

Für gläubige Schiiten der nach Mashhad und Qom drittheiligste Ort im Land. Denn hier ruht unter einer mächtigen Kuppel der hochverehrte Bruder des Achten Imam. Neben dem schieren Ausmaß der Anlage, dem reichen Dekor auf Kuppeln und Fassaden mit einmaligen Spiegelarbeiten fasziniert die friedsame Stimmung. Es herrscht Tschador-Pflicht: Frauen bekommen am Eingang (makellos saubere) Umhänge geliehen. Das Gelände ist frei zugänglich. Zum eigentlichen Schrein leider kein Zutritt für Nicht-Muslime.

VAKIL-KOMPLEX (ZANDIYEH) (147 D5)

Karim Khan Zand, ein selten weiser Herrscher, bescherte der Stadt vor 250 Jahren nicht nur eine Phase des Friedens und Wohlstands. Er hinterließ auch Architektur vom Feinsten. Die *Vakil-Moschee* mit ihrem Wald aus in sich gedrehten Marmorsäulen *(tgl. 9–21 Uhr | 50 000 Rial)*, der *Basar* gleichen Namens und das *Hamam-e Vakil*, mittlerweile zum Museum für Badekultur umfunktioniert, in dem man mit Wachsfiguren die Wohlfühlprozeduren in einem Hammam nachgestellt hat *(tgl. 7.30–20, im Winter 8–19 Uhr | Eintritt 150 000 Rial)*, all das bildet eine faszinierende „Stadt in der Stadt". Dazu gehört im angrenzenden *Nazar-Garten* auch der reizende, achteckige Empfangspavillon, heute *Pars Museum (Di–So 8–13.30, 15–18 Uhr | Eintritt 100 000 Rial)*.

ESSEN & TRINKEN

HAFT KHAN (147 E2)

Spannende Konzeptgastronomie in fast avantgardistischem Ambiente: fünf Restaurants auf fünf Etagen, vom Fastfood- bis zum Familien- und Szenerestaurant, vom Sandwich bis zum Büfett. *Tgl. je nach Lokaltyp, früh, mittags und (spät)abends | Quran Boulevard | Tel. 0917 78 78 400 | www.haftkhanco.com* | €€–€€€

SARAY-E MEHR (147 D5)

Traditionelles Teehaus, ideal zum Ausruhen nach dem Basarbummel. Zum Sattwerden: der Gulascheintopf *Dizi* und zum Auf-der-Zunge-zergehen-lassen: INSIDER TIPP *Karkhi*, ein süßes Gedicht aus Blätterteig. *Sa–Do | Vakil-Basar, nahe Saray-e Moshir | Tel. 0713 2 22 95 72* | €

SHARZEH (147 D5)

Hinter der schnöden Hausfassade verbirgt sich ein gemütliches Esslokal. Seite an Seite mit Einheimischen lauscht man dem Livesänger und schlemmt sich durch die Kebabs und *Koresht*. *Tgl. | Taleghani Street/Straße an der Vakil-Moschee | Tel. 0713 2 24 19 63 | www.sharzeh.ir* | €€

AM ABEND

GRAND HOTEL SHIRAZ (147 F2)

Das vielleicht schönste Trostpflaster für den Mangel an Nightlife verabreicht das *Panoramacafé* im 6. Stock des neuen Luxuskastens: einen Traumblick bei Tee oder Kaffee und Kuchen, besonders hinreißend an lauen Abenden von der Terrasse. *Tgl. 7–2 (!) Uhr früh | Tel. 0713 2 27 48 20* | €€

ÜBERNACHTEN

NIAYESH (146 C5–6)

Den Eingang zu diesem Backpacker-Hostel muss man in dem uralten Gassengeflecht erst einmal finden. Dabei geht man vom Shah Cheragh hierher keine drei Minuten. Löffelt man in dem schattigen Innenhof erst sein würziges *Abgusht* oder

Einmal Waschen, Kneten, Bart stutzen bitte: im Hamam-e Vakil

schmaucht im Rooftop-Teehaus eine *Kalian*, pfeift man beim Übernachten gerne auf Komfort. Zumal die Zimmer tadellos sauber sind. *23 Zi. | Jamali-Lane 10, nahe Namazi-Kreuzung | Tel. 0713 22 33 62 24 | en.niayeshhotels.com | €*

PARK (146 C4)
Ein wenig weht in den geräumigen, resopalgetäfelten Zimmern und dem zugehörigen 5000 m^2-Garten noch der Geist der 1960er. Aber alles ist bestens in Schuss, die Altstadt quasi vor der Haustür und der Lärm der Gegenwart angenehm fern. *117 Zi., 9 Suiten | Zand Square, Saadi Avenue | Tel. 0713 2 22 14 26 31 | www.shirazparkhotel.com | €€*

PERSEPOLIS (147 E3)
Wer sagt denn, dass Hotels, in denen gerne Gruppen absteigen, unpersönlich sein müssen? Die Betreiberfamilie Siadatan sorgt nicht nur für gepflegtes Vier-Sterne-Ambiente und ein leckeres Büfett, sondern auch für eine sehr charmante Betreuung. Zusatzplus: der große Indoor-Pool und die Nähe zum Hafis-Grab. *104 Zi. | Ghaem Square, Azadi Boulevard | Tel. 0713 2 27 12 80 94 | www.persepolis-hotel.com | €€€*

AUSKUNFT

Touristinfo-Kiosk an der Südseite der Zitadelle. Kompetente, englischsprachige Betreuung. *Sa–Do 9.30–16.30 Uhr | Tel. 0917 1 08 17 07*

ZIELE IN DER UMGEBUNG

Zu allen hier genannten antiken Stätten werden von Shiraz aus Pauschaltouren angeboten. Alternativ bucht Ihnen Ihr Hotel für den (Halb-)Tagesausflug gerne ein Privattaxi. Persepolis ist preiswerter, aber mühsamer, auch vom Shirazer Busterminal Karandish aus via Marvdasht per Minibus oder Sammeltaxi erreichbar.

BISHAPUR (139 E5) *(🕮 F8)*
Allein die grandiose Gebirgslandschaft lohnt die 130 km lange Anfahrt von Shiraz. Da wirken die Reste der einstigen Palaststadt des Sassanidenkönigs Shapur fast

nebensächlich. Obwohl: Das weitläufige Gelände mit Wehrmauer, Anahita-Tempel und Festungsruine ist nicht von schlechten Eltern; und das Sixpack von ebenso über 1800 Jahre alten, großen *Felsreliefs* jenseits der Hauptstraße in der Schlucht *Tang-e Chowgan* ist eine kunstgeschichtliche Sensation. *Tgl. 9–18 Uhr | Eintritt Ruinenstadt 200 000, Reliefs 150 000 Rial*

FIRUZABAD (139 F6) *(🕮 F9)*

Noch ein Tagesausflug als Zeitreise: 110 km südlich zeugen die Ruinen eines Palasts und eine Burg auf hohem Fels, von der Herrlichkeit des Sassanidenkönigs Ardashir *(tgl. 8 Uhr bis Sonnenuntergang | Eintritt 200 000 Rial)*. In seiner Ära entstand gleich daneben auch die Rundstadt *Gur*. Von ihrer Pracht erhalten ist nur ein Turm *(frei zugänglich)*, der sich im Zentrum der Kreisanlage brüchig wie ein kariöser Zahn in den Himmel reckt.

NAQSH-E ROSTAM ★ (139 F5) *(🕮 G8)*

Keine fünf Autominuten von Persepolis: die Begräbnisstätte von gleich vier altpersischen Königen, darunter Darius I. Die monumentalen Gräber sind in den senkrechten Felsen geschlagen. Darunter rühmen insgesamt acht 800 Jahre jüngere Reliefs diverse Triumphe der Sassaniden. *Tgl. 7.30–20, im Winter 8–17.30 Uhr | Eintritt 200 000 Rial*

Falls Sie Hunger haben: Auf halbem Rückweg Richtung Persepolis können Sie am reichen Büfett des Gartenrestaurants *Laneh Tavous (tgl. 12–16 Uhr | Tel. 072 84 47 20 95 | €€)* neue Kräfte tanken.

PASARGADAE (139 F5) *(🕮 G8)*

Die Ruhestätte des legendärsten aller Perserkönige – Kyros des Großen. Aus hellen Kalkquadern geschichtet und mit seinem abgetreppten Sockel einer mesopotamischen Stufenpyramide nachempfunden, ist der *Grabbau (tgl. 8–19, im Winter bis 17.30 Uhr | Eintritt 200 000 Rial)* zwar schon seit der Zeit Alexanders des Großen leer, aber trotzdem imposant. Die benachbarte *Ruinenstätte* dagegen gibt wenig her: Reliefreste und ein paar Säulenstümpfe, Grundmauern, die Wand eines Feuertempels ... Dafür das ergreifende Gefühl, dass auf dieser Hochebene 550 v. Chr. alles begann, nachdem die Perser hier auf dem Schlachtfeld ihre Erzrivalen, die Meder, besiegt hatten. Hier schuf Kyros als König der Könige seine erste Residenz und begründete die Dynastie der Achämeniden. Von hier zog er aus, um sein Weltreich, immerhin das erste der Menschheitsgeschichte, zu erobern. Stei-

LOW BUDG€T

Eine Spezialität von Shiraz ist *Faludeh* – mit Rosenwasser versetztes Glasnudeleis. Ein guter Laden **(147 D5)** für diese süße Erfrischung für nicht einmal einen halben Euro liegt am Ende des Vakil-Basars, gegenüber dem Eingang zum Saray-e Moshir.

An der nördlichen Ausfahrt aus Shiraz **(139 F5)** ***(🕮 F8)*** Richtung Persepolis steht das *Koran-Tor*, ein beliebter Fotostopp. Gleich daneben bietet das bei der einheimischen Jugend populäre Teehaus *Darband (tgl. 12–24 Uhr)* für wenig Geld Kebabs, Burger und abends sogar Livemusik.

Auf dem Rückweg von Chogha Zanbil **(138 C3)** ***(🕮 D7)*** steht links an der Zufahrtsstraße nach nur 2 km, erkennbar an dem Plakat, ein schlichtes, aber sympathisches Esslokal *(Tel. 0914 345 387 | €)*.

gen Sie am Nordrand der Ebene zur verfallenen *Zitadelle* hoch! Die Aussicht ist ein Hit. *130 km nördlich von Shiraz*

PERSEPOLIS ★ (139 F5) (*G8*)
Hier, 55 km nordöstlich von Shiraz, steht die Quintessenz des Alten Persien aus Stein geschaffen: erhabene Größe, höchste künstlerische Ausdruckskraft. Bauleute aus allen Teilen des Reichs haben die Residenzstadt vor gut 2500 Jahren mit vereinten Kräften errichtet und dabei viele Stile gemixt. Ihre obersten Chefs, Darius I., dessen Sohn Xerxes I. und deren Nachfolger nutzten sie rein für repräsentative Zwecke. Nach knapp zwei Jahrhunderten legten die Soldaten Alexanders des Großen sie in Schutt und Asche. Heute ist *Takht-e Jamshid*, so nennen sie die Iraner, die großartigste Ruinenstätte im ganzen Land.
Allein die Lage zu Füßen des „Berges der Barmherzigkeit" (Kuh-e Rahmat) über der „Ebene des Lichts" (Marv-e Dasht) thronend ist nicht zu toppen. Und schon der Aufstieg über die Freitreppe zu der kolossalen Terrasse aus Steinquadern stimmt auf Gewaltiges ein. Der Gang dann durch das Tor aller Länder, über die Straße der Armee und am Hundertsäulensaal vorbei, durch die königlichen Wohnpaläste verdreht einem vollends den Kopf. Höhepunkt des Rundgangs ist die Treppe zum Audienz-, sprich: Apadana-Palast. An ihrer Fassade sind ungemein fein auf fast endlosen Reliefs, einer Art steinerner Comicstrip, die Delegationen der Völkerschaften dargestellt, wie sie dem König zu Nowruz ihre Tribute überbringen. Sehenswert ist die im gläsernen Ticketpavillon gezeigte INSIDER TIPP Filmdoku über Persepolis *(auf Englisch, Eintritt frei)*, stimmungsvoll die INSIDER TIPP Sound- & Lightshow *(Ende Juni–Ende Sept. jeden Do und Fr nach Einbruch der Dunkelheit, Ticket 200 000 Rial)*. Ruinengelände: *tgl. 8–19, im Winter bis 17 Uhr | Eintritt 200 000 Rial*

Persepolis -- hier hielten die Könige Hof

Wer den Panoramablick nach der Sperrstunde genießen will, bucht ein Zimmer mit Aussicht im *Persepolis Apadana Hotel (17 Zi. | Tel. 071 43 34 15 50 | www.persepolis-apadana-hotel.com | €€)*.

ZIELE UM SEPIDAN (139 E5) (*F8*)
Zur Abwechslung spektakuläre Natur statt alten Steinen? Eine Autostunde nordwestlich lädt eine traumhafte Hochgebirgslandschaft zum Wandern. Zwei wunderschöne Ziele sind das *Verlorene Paradies (Tang-e Bostanak)*, ein Gebiet mit grünen Wäldern und Wasserfällen nahe dem Dorf Kamfiruz, und, nahe der Straße nach Yasuj, der *Margoon-Wasserfall.* Zu seinen Füßen kann man sogar schwimmen. Beide Orte sind frei zugänglich. Ein kundiger, netter, englischsprachiger Begleiter auch für mehrtägige Touren und zu den Nomaden ist *Bahman Mardanloo (Tel. 0917 910 09 43 | b_mardanloo@yahoo.com)*.

ERLEBNISTOUREN

1 IRAN PERFEKT IM ÜBERBLICK

START: 1 Teheran
ZIEL: 30 Mashhad

20 Tage
Reine Fahrzeit
100–110 Stunden

Strecke:
6000 km (per Auto)

KOSTEN: für 2 Pers. ca. 4400 Euro (Mietwagen inkl. Driverguide und Benzin, Übernachtungen, Essen und Eintritte) plus Flug nach Mashhad (ca. 130 Euro)

MITNEHMEN: feste Schuhe, Sonnenschutz

ACHTUNG: Guesthouse: von Jalal in 22 **Kerman**: unbedingt vorab reservieren. Ebenso im 24 **Karawanserei-Hotel von Zein-o-din**

Erleben Sie auf dieser Rundfahrt alle Facetten Irans: von den glänzenden Metropolen über die Küste am Kaspischen Meer und das Hochland mit seinen Gebirgen und Wüsten bis in das geschichtsträchtige Tiefland im äußersten Südwesten.

Sie wollen die einzigartigen Facetten dieser Region entdecken? Dann los! Noch einfacher wird es mit der Touren-App: Laden Sie sich die Tour über den QR-Code auf Seite 2/3 oder über die Webadresse in der Fußzeile auf Ihr Smartphone – damit Sie auch offline die perfekte Orientierung haben. Bei Änderungen der Tour ist die App auf dem neuesten Stand und weicht ggf. von den Erlebnistouren im Buch ab. In diesem Fall finden Sie in den Events & News (s. S. 2/3) die neueste Tour als PDF.

TOUREN-APP

→ S. 2/3

Von ① **Teheran → S. 42 fahren Sie auf der A2 bis Karaj und von dort quer durch das Elburs-Gebirge** nach Chalus. Spektakulär führt die berühmte ② **Bergstraße** über Serpentinen und an Felswänden entlang. **Angekommen an der feuchtgrünen Kaspi-Küste, fahren Sie durch eine lange Reihe von Ferienorten bis ③ Ramsar → S. 41**. Kurz am Strand spazieren, dann besichtigen Sie den ehemaligen **Sommerpalast** der Schah-Familie, ehe Sie im altehrwürdigen Luxushotel **Ramsar Azadi** *(160 Zi. | Rajai Street | Tel. 011 55 22 35 93 | parsianramsar.pih.ir | €€€)* einchecken.

TAG 1

① Teheran

46 km

② Bergstraße

224 km

③ Ramsar

72 km

TAG 2–3

4 Lahijan

322 km

5 Ardebil

216 km

6 Tabriz

227 km

TAG 4–5

7 Qareh Kelisa

57 km

8 Bastam

224 km

Heute gilt Ihr erster Stopp in **4 Lahijan** → S. 41, einem Zentrum des Teeanbaus, dem **Teemuseum**, ein zweiter dem **Mausoleum von Sheikh Zayed Gilani**. Dann steuern Sie **5 Ardebil** → S. 85 an. Am nächsten Morgen nehmen Sie sich Zeit für das prächtige, ungemein stimmungsvolle **Sheikh-Safi-Mausoleum**. **Gut vier Stunden Fahrt und Sie erreichen** **6 Tabriz** → S. 81. Unverzichtbarer Höhepunkt hier ist ein langer, zielloser Bummel durch den besonders labyrinthischen **Basar**.

Heute steht ein **Tagesausflug Richtung türkischer Grenze** an zur Armenierkirche **7 Qareh Kelisa** und, bei einem Zwischenstopp auf dem Rückweg, zur urartäischen Festungsruine **8 Bastam**. **Die Fahrt zur Kirche ist lang – 220 km in eine Richtung.** Doch sie lohnt sich allein wegen des weiten, schon sehr ostanatolisch anmutenden

Hügellands. Außerdem ist das reich verzierte Gotteshaus eines der überragenden Zeugnisse christlicher Geschichte im Land. **Wieder zurück, wird südlich von Tabriz in dem Höhlendorf ⑨ Kandovan → S. 85** übernachtet, und zwar in der Luxusbleibe **Laleh Rocky Hotel**. **Am nächsten Tag heißt das Ziel ⑩ Takht-e Soleiman → S. 85**. Umgeben von majestätischen Vulkankegeln und an einem Kratersee gelegen, verströmt dieses Feuerheiligtum eine zeitlose Erhabenheit. Die Nacht verbringen Sie im **⑪ Hotel Takht-e Soleiman → S. 85 im nahen Takab.**

Frühmorgens führt die Route auf der R23, später auf der R35 und R48 durch die aufregend herbe Landschaft Kurdistans nach **⑫ Kermanshah → S. 78**. Am Morgen bestaunen Sie die **Reliefs von Taq-e Bostan**, ehe Sie **in langer Fahrt (R35/R37) durch eine atemberaubende Gebirgskulisse hinab Richtung Ahvaz in das heiße, fruchtbare Tiefland von Khuzestan stechen**. Halt! Vergessen Sie nicht, in **⑬ Khorramabad → S. 81** einen Zwischenstopp einzulegen! Die örtliche **Museumsburg** *(Falak-ol-Aflak)* ist eine Wucht. In **⑭ Ahvaz → S. 88** angekommen, buchen Sie sich hier für zwei Nächte ein.

Heute machen Sie einen Ausflug in die frühe Geschichte – von den Topzielen rundum ist die Stufenpyramide **⑮ Chogha Zanbil → S. 89** das beeindruckendste. Eine zweite Nacht an den Ufern des Karun, **dann bringt ein langer Fahrtag Sie vorbei an riesigen Erdölanlagen und am Ende über einen spektakulären Pass gen Osten zurück ins Hochland**. In **⑯ Bishapur → S. 97** besichtigen Sie die Ruinen und Felsreliefs, **bevor Sie nach weiteren zwei Stunden Fahrt in ⑰ Shiraz → S. 94 ankommen.** Planen Sie hier zwei Übernachtungen ein.

Ein ganzer Tag in der Stadt der Rosen und Poesie! Sie bummeln durch Basare und Gärten, besichtigen Moscheen und Mausoleen. Inspiration pur. Abends stärken Sie sich mit einem Luxusdinner im Gartenrestaurant **Bagh-e Raaz** *(Shaed Blvd. | Tel. 0713 36 23 40 00 | www.bagheraaz.com | €€€)*. Denn der Folgetag wird unvergesslich, aber anstrengend: Ein Abstecher zu Irans berühmtester Ruinenstätte wartet, **⑱ Persepolis → S. 99**, und **danach eine lange Fahrt vorbei an der eindrücklich in einer leeren Ebene thronenden Ruine des Sassaniden-Palasts von Sarvestan nach ⑲ Sirjan**, wo Sie im **Hotel Tourist Inn** *(30 Zi. | Khayam Street | Tel. 034 42 20 51 75 | €€)* übernachten.

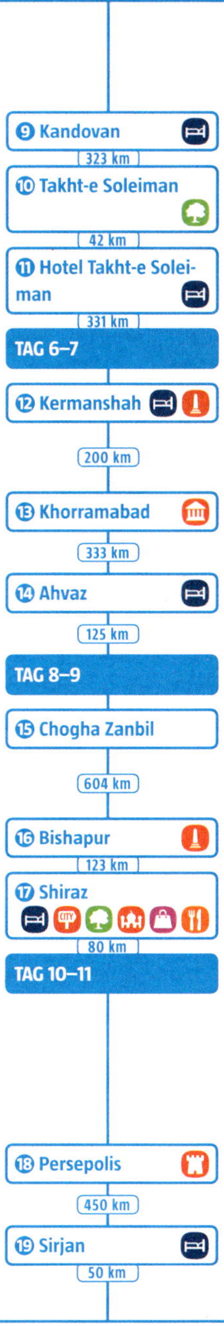

Einen Tisch, nein, ein Podest für vier, bitte! In einem traditionellen Restaurant in Isfahan

TAG 12–13

⑳ Bagh-e Sangi

340 km

㉑ Kalouts

112 km

㉒ Kerman

198 km

㉓ Bam

489 km

㉔ Karawanserei-Hotel

62 km

TAG 14–16

㉕ Yazd

332 km

Am Morgen **ein Schlenker 45 km ostwärts bis Balvard** zum ⑳ INSIDER TIPP **Bagh-e Sangi** *(frei zugänglich)*, dem „Steingarten". Die in jahrzehntelanger Arbeit von einem armen Bauern als Protest gegen die Agrarreform des Schahs geschaffene Installation, eine lange Reihe mit Felsbrocken behängter Baumstrünke, wird Sie tief berühren. **Dann steuern Sie (R86, R84) über Kerman Shahdad an.** Denn zum Sonnenuntergang geht es von hier für eine kurze, aber grandiose Dünenwanderung in die Wüste Lut zu den ㉑ **Kalouts → S. 65**. **Zurück in** ㉒ **Kerman → S. 63**, ist das von Jalal, einem „halbdeutschen" Iraner, sehr nett geführte **Jalal Guesthouse → S. 64** empfehlenswert. Der Folgetag führt Sie **auf der R84 weiter in den Südosten nach** ㉓ **Bam → S. 65**, dessen Zitadelle trotz der Erdbebenschäden sehr imposant ist. Auf dem Rückweg in den Norden nehmen Sie **nach längerer Fahrt (R84), eine Autostunde südöstlich von Yazd**, im ㉔ **Karawanserei-Hotel** *(Tel. 0351 8 24 33 38 | zeinodin2003@yahoo.com | €€)* von Zein-o-din Quartier.

An Tag 14 wartet ㉕ **Yazd → S. 69** – der Welt größte, ganz aus Lehm gebaute Altstadt. Ein Traum! Versäumen Sie nicht, die **Türme des Schweigens** draußen am Stadtrand zu besichtigen, am besten zum Sonnenuntergang, und danach den Athleten im **Zurkhaneh** zuzuschauen. Am nächsten Vormittag **führt die Route vorbei an der uralten Han-**

delsstadt Nain → S. 59 und in einem Schwenk westwärts auf die R62 bis zur Ankunft in – endlich: **26 Isfahan → S. 49**, der Märchenstadt jedes Orientfans. Paläste, Basare, Moscheen, Kirchen, Parks satt. Eineinhalb Tage, die Sie sehr beeindrucken werden.

Nach zwei Nächten in Isfahan **geht es jetzt nordwärts!** Auf breiter Autobahn erreichen Sie **27 Kashan → S. 59**, nachdem Sie sich kurz vor den Toren der Stadt im königlichen Garten **Bagh-e Fin → S. 61** die Füße vertreten haben. Ein halber Tag für die vielen prächtigen Händlerhäuser und Moscheen und dazwischen für ein traditionelles Essen im Restaurant **Abbasi** *(Tel. 031 55 24 57 64 | €€)* ist sicher nicht zu lang. Am nächsten Tag wird's in **28 Qom → S. 66** beim Besichtigen des **Schreins der Fatemeh Masumeh** noch mal tief religiös, **bevor Sie auf fast schnurgeradem Highway in 29 Teheran → S. 42 ankommen.**

Einen weiteren bunten Mosaikstein fügen Sie Ihrem Iran-Bild mit einem **Flug nach 30 Mashhad → S. 35** hinzu. Dort ist natürlich das **Imam-Reza-Heiligtum**, der größte Schrein der Welt, die alles überstrahlende Attraktion.

26 Isfahan

219 km

TAG 17–18

27 Kashan

120 km

28 Qom

143 km

29 Teheran

795 km

TAG 19–20

30 Mashhad

2 INS HERZ DER WÜSTE

START: 1 Kerman
ZIEL: 18 Kashan

Strecke: ca. 1500 km

6 Tage
Reine Fahrzeit ca. 30 Stunden

KOSTEN: für 2 Pers. ca. 1400 Euro für Mietwagen inkl. Driverguide und Benzin, Übernachtungen, Essen und Eintritte
MITNEHMEN: feste Wanderschuhe, Wasserflaschen, Sonnenschutz, Sandalen zum Waten im Wasser

ACHTUNG: Die Tour ist prinzipiell auf den Strecken Kerman–Tabas–Khur–Nain–Kashan auch mit öffentlichen Bussen machbar. Für Abstecher müssen dann lokale Taxis angeheuert werden. Taxi-Shuttle von Khur nach Garmeh: *one way* ca. 7 Euro.
9 Ateshooni-Gästehaus: vorab reservieren und je nach Angebot z. B. Kamelritte oder Übernachtungen im Zelt vereinbaren

Sanddünen, Salzseen, Tafelberge und dazwischen grüne Oasen: An sechs abenteuerlichen Tagen können Sie die beiden zentralen Wüsten erleben, die Große Lut und die Dasht-e Kavir.

Palmenhaine umgeben das Oasenstädtchen Nayband mitten in der Lut-Wüste

TAG 1

1 Kerman

208 km

2 Aussichtsstelle

100 km

3 Oase Nayband

1 km

4 Felshöhe über dem Nachbardorf Ziyaratgah

167 km

5 Panoramablick

41 km

6 Tabas

5 km

7 Bungalowhotel Naranjestan

27 km

TAG 2–4

Gleich frühmorgens geht es, versorgt mit genügend Proviant, von 1 **Kerman** → S. 63 **auf der R91 Richtung Tabas** gerade hinein in die gewaltige Wüstenleere. **35 km nach Ravar dann, 210 km nach Kerman**, in einem Abschnitt mit besonders bizarren, farbenreichen Felsen, liegt linker Hand in Sichtweite in einem Seitental die zwar verwaiste, aber von großartiger Kulisse umgebene **Karawanserei Chah-e Karo** – Zeit, hier an der 2 **Aussichtsstelle** unbedingt einen ersten Stopp einzulegen. **Ca. eineinhalb Autostunden weiter** wartet links die 3 **Oase Nayband**. Sattgrüne Felder und Palmhaine, dazwischen turmartige Lehmhäuser: was für ein Kontrast zur extrem unwirtlichen Umgebung! **Fahren Sie das Sträßchen ein Stück weiter hoch**: Von der 4 INSIDER TIPP **Felshöhe über dem Nachbardorf Ziyaratgah** hat man das Idyll wunderschön im Überblick vor sich. **40 km vor Tabas** öffnet sich rechter Hand noch ein 5 **Panoramablick** auf das verfallene Lehmdorf **Esfahak**. **In** 6 **Tabas angekommen,** spazieren Sie durch den **Golshan-Garten** *(tgl. 5–24 Uhr)*. Grüße an die beiden Pelikane, bitte! Dann checken Sie im 7 **Bungalowhotel Naranjestan** *(20 Zi. | Moalem Square | Tel. 056 328 21 0 91 | €€)* ein, das etwas außerhalb der Stadt liegt.

Packen Sie Schuhe zum Waten im Wasser ein. Der Tag beginnt frühmorgens mit einem **Abstecher die Straße weiter am Damm entlang nach Kharv und 2 km nach dem**

Ort rechts ab hinunter zum Fluss Sardar. Vom Parkplatz führt Sie eine ca. 45-minütige ⑧ **Wanderung** durch den **Canyon** bis zur **Morteza-Ali-Quelle** und weiter zu einem alten Staudamm aus dem 17. Jh. **Zurück in Tabas, geht es vorbei an einem riesigen Salzsee westwärts nach Khur und von dort nach Süden bis Garmeh**. Hier heißt Sie Maziar Aledavood, charismatischer Pionier der Ökolodge-Betreiber Irans, in seinem ⑨ **Ateshooni-Gästehaus** *(19 Zi. an drei Orten | Tel. 0314 6 34 81 56 oder 09 13 87 60 3 75 | www.ateshooni.com | €–€€)* willkommen. Drei Nächte und zwei Tage intensives Wüstenerleben sind nun angesagt. Je nachdem, was Sie zuvor gebucht haben, stehen nun Kamelritte, Übernachtungen im Zelt, Ausflüge in die geschichtsträchtigen Dörfer **Ordib**, **Iraj** oder **Bayazeh** oder zu den heißen **Quellen in Abgarm** auf dem Programm. Die Sanddünen von ⑩ **Mesr** und ⑪ **Farahzad** sollten Sie unbedingt besuchen. Maziar hilft beim Organisieren.

Abschied von der Einsamkeit. **Die Rückfahrt in die Zivilisation führt in weitem Bogen nach Südwesten**, mit einem kurzen Zwischenstopp in ⑫ **Chupanan** wegen seiner Skyline aus Windtürmen und einem längeren Stopp in ⑬ **Anarak** für einen Kaffee im **Karawanserei-Hotel**. **Über den Abzweig 40 km vor Nain westwärts erreichen Sie ⑭ Zavareh**. Ein Spaziergang macht mit diesem Juwel einer uralten Wüstenstadt bekannt. **Für die Übernachtung fahren Sie 150 km weiter nach ⑮ Kashan**.

⑧ Wanderung
55 km
⑨ Ateshooni-Gästehaus
167 km
⑩ Mesr
3 km
⑪ Farahzad
170 km
TAG 5
⑫ Chupanan
84 km
⑬ Anarak
139 km
⑭ Zavareh
130 km
⑮ Kashan
72 km

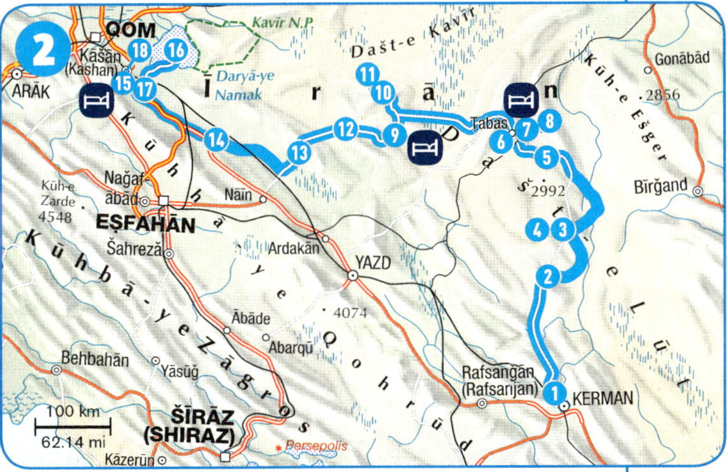

TAG 6
⑯ Salzwüste Dasht-e Kavir

63 km

⑰ Nushabad

13 km

⑱ Kashan

Zum Finale wartet noch eine Tagesfahrt hinein in die ⑯ Salzwüste Dasht-e Kavir. **Anfahrt über Aran-va Bidgol und 40 km weiter auf PKW-tauglicher Piste zur** Karawanserei von Maranjab → S. 63. **Von dort sind es nochmals 10 km zum Salzsee und dem Gebiet der großen Sanddünen.** Nach dem langen Sonnenbad steigen Sie **auf dem Rückweg 3 km westlich von Aran** unter die Erde und besichtigen die unterirdische Stadt von ⑰ Nushabad → S. 63, bevor die Tour zu Irans Wüsten **wieder zurück in** ⑱ Kashan → S. 59 endet.

3 VON ISFAHAN DEN ZAYANDEH RUD ENTLANG

START: ① Isfahan
ZIEL: ① Isfahan

Strecke:
850 km

4 Tage
Reine Fahrzeit
15 Stunden

KOSTEN: Für 2 Pers. ca. 580 Euro für die Westroute (Mietwagen inkl. Driverguide und Benzin, für Übernachtung und Essen), für die Ostroute ca. 300 Euro

MITNEHMEN: Badesachen

ACHTUNG: Der 6- bis 7-stündige Ausflug von ⑤ Chelgerd nach ⑥ Sar-e Agha Seyed ist erst ab ca. Ende April nach der Schneeschmelze machbar. Die Tour ist auch mit öffentlichen Verkehrsmitteln möglich, auf der Westroute braucht es für den Abstecher nach ⑥ Sar-e Agha Seyed dann aber einen Geländewagen mit einheimischem Fahrer: zu buchen über das Hotel Kuhrang → S. 59. An Freitagen sind die Picknickplätze am Flussufer überfüllt.

Abwechslung von der Großstadt gefällig? Auf diesen beiden kombinierbaren Ausflügen mit Startpunkt Isfahan erleben Sie im Westen von Nomaden bevölkertes Hochgebirge, im Osten Wüsten- und Sumpfgebiet. Die Leitlinie bildet Isfahans berühmter Fluss Zayandeh, dessen Lauf Sie von der Quelle bis zum Delta folgen.

TAG 1
① Isfahan

73 km

② Wasserfall von Shahlolak

130 km

Von ① Isfahan → S. 49 fahren Sie, mit Picknickproviant im Gepäck, **auf der R51 an dem Mega-Stahlwerk von Mobarakeh vorbei Richtung Südwesten**. Einen kleinen Vorgeschmack auf Natur pur gibt Ihnen der ② Wasserfall von Shahlolak, den Sie **über einen Abzweig von Bagh Bahadoran nach Chermahin (ca. 45 km von der Stadtgrenze) erreichen. Weiter geht es über Shahr-e Kord und die R514** in ein die Seele weitendes Hochland mit bis in den Sommer hinein schneeweißen Gipfeln. In **3 Chelgerd** → S. 58 quartieren Sie sich im **Hotel Kuhrang** → S. 59 ein. Dessen Betreiber hilft vielfältige Outdoor-Aktivitäten zu organisieren, wenn Sie weitere Tage bleiben möchten. Vom Hotelzimmer können Sie direkt hinauf zur eingefassten Kuhrang-Quelle sehen, ein Spaziergang im Hochtal führt in einer halben Stunde hin. Am Nachmittag **fahren Sie 10 km weit zur 4 Cheshmeh Dimeh**, einer weiteren Quelle des Zayandeh Rud. Zurück in **5 Chelgerd**, runden der Besuch des **Volkskundemuseums** *(tgl. 8–20 Uhr | Eintritt 80 000 Rial | an der Hauptstr. am westlichen Ortsrand)* und abends im Hotel die Vorführung einer interessanten historischen Filmdoku auf Englisch über die Nomaden der Region den Tag ab.

Früh am nächsten Morgen **geht es im Allradfahrzeug durch das Hochtal weiter westwärts und auf schmaler Rumpelstraße im Zickzack über einen 3000-m-Pass. Ziel der ca. dreistündigen Fahrt ist das Bergdorf 6 Sar-e Agha Seyed**. Unterwegs in der herrlichen Hochgebirgswelt und auch zwischen den Lehmhäusern des archaischen Terrassendorfs fühlen Sie sich fern der Zivilisation. **Auf dem Rückweg** noch ein Fotostopp bei der **7 Eishöhle** eine knappe halbe Stunde vor Chelgerd, noch ein weiterer Halt beim **8 Wasserfall Sheikh Ali Khan** kurz vor der Ortseinfahrt, dann kehren Sie zurück nach **9 Isfahan** → S. 49.

3 Chelgerd
12 km
4 Cheshmeh Dimeh
10 km
5 Chelgerd
49 km
TAG 2
6 Sar-e Agha Seyed
21 km
7 Eishöhle
2 km
8 Wasserfall Sheikh Ali Khan
208 km
9 Isfahan
34 km

Der Zayandeh auf dem Weg vom Zagros-Gebirge zu den Gavkhuni-Sümpfen

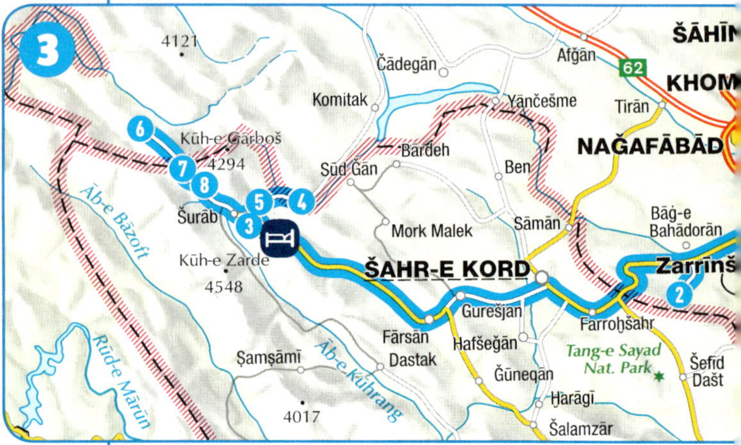

TAG 3

- ⑩ Aziran
- 4 km
- ⑪ Ziar
- 3 km
- ⑫ Dashti
- 9 km
- ⑬ Bersian
- 40 km
- ⑭ Ezhiyeh
- 19 km
- ⑮ Qurtan
- 12 km
- ⑯ Varzaneh
- 6 km

TAG 4

- ⑰ Sandwüste
- 27 km
- ⑱ Gavkhuni-Sümpfe

Heute folgen Sie dem Zayandeh Rud flussabwärts Richtung Osten. Diverse Baudenkmäler liegen wenige Kilometer rechts und links der Hauptstraße und Interessierte sollten den Fahrer unterwegs zum einen oder anderen Abstecher anhalten: Auf der Strecke liegen alte, kostbare Moscheen, die erste z. B. in ⑩ **Aziran**. In ⑪ **Ziar**, weithin sichtbar, steht ein 18 m hohes Ziegelminarett. Weitere Moscheen folgen in ⑫ **Dashti** und ⑬ **Bersian**. Diese Ziele sind allerdings auf eigene Faust nur schwer zu finden. Auf jeden Fall stoppen Sie bei den fotogenen Taubentürmen in ⑭ **Ezhiyeh** unmittelbar an der letzten Flussbrücke. Und wenn Sie mögen, schauen Sie noch an der 1000-jährigen Zitadelle von ⑮ **Qurtan** vorbei. Nach insgesamt ca. 100 km erreichen Sie schließlich das eigentliche Tagesziel, ⑯ **Varzaneh** → S. 59. Ein authentisches, sehr nett geführtes Quartier für zumindest eine Nacht ist das **Negaar Traditional Guesthouse** *(7 Zi. | Beheshti Street, nahe der Freitagsmoschee | Tel. 0910 8 68 29 61 | €)*, dessen Betreiber, Mohammad Ebrahimi, auch Ökotouren organisiert.

In dem Städtchen selbst gibt es einiges zu unternehmen, Hauptgrund für die Anreise ist aber die grandiose Natur in der Umgebung. Da gibt es die kleine, aber spektakuläre ⑰ **Sandwüste** mit bis zu 60 m hohen Dünen – **am besten erreichbar über die Straße nach Dastjerd, gleich neben dem Tourismuskomplex Vaheh**. Attraktion Nummer eins sind die ⑱ **Gavkhuni-Sümpfe**, ein 20 x 30 km großes Biosphärenreservat, in dem sich der Zayandeh Rud ver-

läuft. **Von hier, 25 km östlich von Varzaneh über eine gut asphaltierte Straße erreichbar,** können Sie zum Salzsee wandern, in warmen Quellteichen baden, Flamingos und andere Vögel beobachten und vom Gipfel des pechschwarzen Basaltbergs aus den Rundblick genießen. Nach **❶ Isfahan → S. 49 zurück geht´s über dieselbe Route.**

❶ Isfahan

4 AN DER GOLFKÜSTE

START: ❶ Bandar Abbas
ZIEL: ❶ Bandar Abbas

Strecke:
490 km

5 Tage
Reine Fahrzeit
10 Stunden

KOSTEN: Für 2 Pers.: $2^{1/2}$ Tage Überlandtaxi auf Qeshm inkl. Driverguide und Benzin sowie Fähren ca. 310 Euro; Übernachtungen, Essen und Eintritte ca. 200 Euro

MITNEHMEN: Strandkleidung, Sonnenschutz und feste Schuhe

ACHTUNG: Auf Qeshm gibt es keine öffentlichen Verkehrsmittel. Überlandtaxis sind problemlos anzumieten. Bei der Zeitplanung beachten: Der Wochenmarkt in Minab lohnt einen zusätzlichen (halben) Tag, findet aber nur Donnerstagvormittag statt.

Während im Hochland Winterwinde pfeifen, herrschen am Golf frühlingshafte Temperaturen. Sommersachen in den Koffer – und ab geht's für ein paar abenteuerliche Tage in den sonnigen Süden auf die Inseln Qeshm und Hormuz.

TAG 1
1 Bandar Abbas
30 km

TAG 2
2 Shabhaye Talai
60 km
3 Laft
17 km
4 Mangrovenwald von Hara
21 km
5 Darreh Tandisha
89 km
6 Shabhaye Talai
112 km

TAG 3
7 Namakdan-Salzdom
65 km
8 Hengam
43 km
9 Golden Beach Resort

Wann immer Ihr Flieger in 1 **Bandar Abbas** → S. 93 landet: Ein paar Stunden Beachtung verdient die Hafenstadt auf jeden Fall, sowenig sie auf Touristen auch eingestellt sein mag. Vor allem ein abendlicher Spaziergang über den üppig bestückten Fischbasar stimmt so richtig auf ein paar Tage am Meer ein. Die erste Nacht schlafen Sie zur Akklimatisierung in der Stadt – am besten ganz zentral im **Hotel Amin** *(38 Zi. | Taleghani Boulevard | Tel. 076 3 22 44 30 59 | €€)*.

Früh am Morgen **setzen Sie vom Pier im Stadtzentrum mit der Fähre in rund 40-minütiger Fahrt nach Qeshm City** → S. 92 **über.** Dort steuern Sie per Taxi das Restaurant und Hotel 2 **Shabhaye Talai** *(4 Zi. und Apts. | Zeytoun-Park, Darya St. | Tel. 0933 5 97 96 73 | www.shabhayetalai.com | €)* an. Es ist der ideale Ankerplatz für die nächsten zwei Nächte, von dem aus Sie die Insel Qeshm erkunden – am südlichen Stadtrand direkt am Strand gelegen, mit ausgezeichnetem Restaurant. Es wird von der Deutschen Annelie Mohammadi und ihrem Mann Alireza sorgsam und ortskundig geführt. Die beiden organisieren auch Inseltouren. **Am selben Tag noch knöpfen Sie sich im Taxi die Nordküste vor**, zuerst das Hafenstädtchen 3 **Laft** mit seinem Wald aus Windtürmen. Danach besteigen Sie in Tabl oder Soheili eines der kleinen Rundfahrtboote, um ein, zwei Stunden lang den 4 **Mangrovenwald von Hara** → S. 93 zu erkunden. Von Tabl ist es mit dem Taxi nicht weit zum 5 **Darreh Tandisha**, dem Tal der Statuen. Seine phantastischen Felsformationen, Teil des **Qeshm-Geoparks** → S. 93, können Sie zu Fuß erreichen oder auch vom „Dach von Qeshm" aus, einem grandios verwitterten **Hochplateau**, überblicken. **Zum Plateau fahren Sie von der Straße Tabl-Salakh weiter über eine kurze Piste und steigen weitere 15 Minuten zu Fuß hinauf.** Felsen und Hochplateau sind tagsüber frei zugänglich. Den Tag lassen Sie zurück im 6 **Shabhaye Talai** ausklingen.

Heute ist die Südküste dran. **Erstes Ziel nach frühem Start ist ca. $2^{1/2}$ Std. entfernt ganz im Westen** der grandiose unterirdische 7 **Namakdan-Salzdom** *(frei zugänglich, Mitnahme eines lokalen Guides ratsam)*. Höhepunkt des Tages ist der Ausflug hinüber auf das Inselchen 8 **Hengam** → S. 94, von wo Sie zur **Delphinbeobachtung** in See stechen. Im Stranddorf kehren Sie zum Essen ein. **Auf der Rückfahrt und zurück auf Qeshm ist kurz nach Suza** im 9 **Golden Beach Resort** Schwimmen angesagt – allerdings ist das nur Männern und Kindern erlaubt. Frauen machen stattdessen einen schönen langen **Strandspaziergang**. Am Abend heißt es chillen „daheim" im ⑩ **Shabhaye Talai** auf der Restaurantterrasse.

Auch heute müssen Sie früh aus den Federn. Zwei weitere geologische Highlights warten: **15 km entfernt an der Südküste bei dem Dorf Borka Khalaf** das bizarr zerfurchte, in ca. einer Stunde durchwanderbare ⑪ **Tal der Sterne** *(So–Fr 7.30 Uhr bis Sonnenuntergang | Eintritt inkl. Museum 50 000 Rial)*, und, noch näher an der Stadt, die ⑫ **Khorbas-Höhlen** *(tgl. 8–18 Uhr | Eintritt 200 000 Rial)*. Noch eine Kurzbesichtigung der portugiesischen ⑬ **Festungsruine** *(tgl. 7–18 Uhr | Eintritt 60 000 Rial)* in Qeshm City. Dann aber rasch zum Fährhafen. Um 14 Uhr legt das Boot nach ⑭ **Hormuz → S. 94** ab (Fahrzeit 50 Min.). Auf dem berühmten Inselchen nehmen Sie im INSIDER TIPP **Red Beach Suitehotel** *(9 Zi. | Tel. 0912 157 57 13 | paslargostar@yahoo.com | €€)* Quartier. Ihr Gastgeber, Ali Paslar, zeigt Ihnen, wo Sie zu – Fuß oder im Tuk Tuk chauffiert – die buntesten Felsen und stillsten Badeplätze finden.

Heute bleibt noch Zeit, um die Inselatmosphäre zu genießen, dann bringt Sie die Fähre direkt zurück nach ① **Bandar Abbas → S. 93**.

⑩ Shabhaye Talai

21 km

TAG 4

⑪ Tal der Sterne

9 km

⑫ Khorbas-Höhlen

14 km

⑬ Festungsruine

25 km

⑭ Hormuz

23 km

TAG 5

① Bandar Abbas

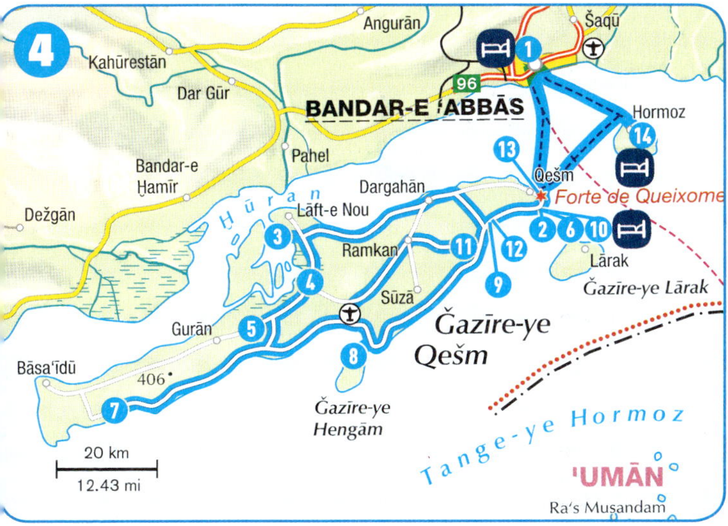

SPORT & WELLNESS

Im Iran sind Outdoor-Aktivitäten zwischen Gipfeln, Almwiesen, Dünen, Stränden und Skipisten kaum Grenzen gesetzt. Bis auf die eine – mangels Infrastruktur braucht es für Draußen-Erlebnisse gute Vorbereitung und oft auch einen Guide.

BERGSTEIGEN & KLETTERN

Etwa 150 Viertausender stehen im Land. Der Damavand *(www.damawand.de)*, Irans fujiförmiger Gipfelkaiser, misst sogar 5671 m. Aus Teheran in 1,5 Autostunden erreichbar und technisch einfach zu besteigen. Ähnlich zahm und lohnend sind die Vulkankegel Sahand und Sabalan im Nordwesten und der Oshturan im Zagros-Gebirge, anspruchsvoller etwa der Zard Kuh westlich von Isfahan und das Dena-Massiv, auf halbem Weg von dort Richtung Shiraz. Tummelplatz Nr. 1 für Kletterer ist Band-e Yakhchal am Nordrand Teherans, Klassiker der Bisotun-Fels östlich von Kermanshah, ultimativ fordernd der Alam Kuh (800-m-Granitvertikale).

KAMELTREKKING

Unvergessliche Wüstenabenteuer sind ein- oder mehrtägige Ritte durch traumhafte Dünenlandschaften in der Kleingruppe, betreut von Profiguides. Plus Übernachtung im Millionen-Sterne-Zelt. Gute Ausgangspunkte mit erfahrenen Anbietern sind *Fahraj (www.farvardinn.com)*, nahe Yazd, das Eco-Camp *Matinabad (www.matinabad.com)* bei Natanz und die Oasen *Garmeh (www.ateshooni.com)* und *Mesr (www.mesr.info, www.teeda-hotel.com)* im Herzen der Dasht-e Kavir.

REITEN

Der Reittourismus steckt noch in den Kinderschuhen. Profianbieter ist das deutsch-iranische Ehepaar Gottstein-Ghalavand, das von seiner *Shapourkhast*-Pferdefarm Wanderritte in die Bergwelt des Zagros organisiert *(www.iranridingtours.com)*. Pferdetrekking fernab der Zivilisation ist auch im Golestan-Nationalpark *(www.turkmenecolodge.com)* möglich.

SCHWIMMEN

Frauen dürfen vor den Augen von Männern weder im Meer noch im Pool schwimmen, auch nicht sonnenbaden. Was bleibt, sind in touristischen Regionen mit hohen Wänden abgeschirmte Frauenstrände. In Hotelpools dürfen die Geschlechter nur zeitverschoben getrennt.

Irans endlose Wüsten, spektakuläre Hochgebirge und die immer warme Meeresküste sind herrliche Abenteuerspielplätze

SKIFAHREN

Der Sport ist vor allem bei jungen Großstädtern populär, die Saison reicht von ca. Mitte November bis Ende März. Die schicksten und fahrerisch reizvollsten Resorts sind Shemshak, Dizin und Tochal, alle im Elburs-Gebirge nahe Teheran. Aber auch die Orte Chelgerd bei Shahr-e Kord, Pooladkaf bei Shiraz, Yam nahe Tabriz und Tarik Dareh am Alvand bei Hamadan bieten Lifte, präparierte Pisten, Verleih sowie, in Grenzen, Après-Ski. *Infos: Tel. 021 44 01 63 74, www.skifed.ir*

TAUCHEN

Die schönsten Reviere liegen im Süden vor der Südküste Qeshms und auf Hengam *(www.divepersia.com)*. Kish ist Mittelmaß *(www.kishdiving.com)*, ein echter Geheimtipp hingegen die Gegend um Siraf, 250 km südöstlich von Bushehr *(Anbieter an der Hauptstraße | Tel. 0917 777 26 71)*. Das trübe, flache Kaspische Meer lohnt sich nicht.

WANDERN

Solotrekking ist prinzipiell möglich, die Vorabinformation schwierig und Beschilderung ist kaum vorhanden. Ein Guide als Übersetzer und Navigator hilft sehr. Besonders reizvoll sind die Hochtäler von Takht-e Soleiman und Alamut, in der Kaspi-Region Kelardasht, Masuleh und Nahar Khoran sowie die Berge um Mashhad und, am Stadtrand von Teheran, Darband und Tochal *(www.mountainzone.ir)*.

WELLNESS

Die vulkanische Natur hat Iran Thermalquellen beschert, die berühmtesten in Sareyn bei Ardebil. Doch was Iraner in Scharen anlockt und begeistert, lässt Europäer kalt. Zum Wellnessurlaub reist (noch) kaum jemand an. Daran kann auch die allmählich wachsende Zahl luxuriöser Spa-Center in Teheran, Isfahan und Kish *(www.spahana.com, www.ramaspa.ir, www.niloofarabi.ir)* bislang nichts ändern.

MIT KINDERN UNTERWEGS

Wie in allen orientalischen Ländern ist die Atmosphäre im Iran sehr familienfreundlich. Kinder sind überall willkommene Gäste. Bei der auf die Bedürfnisse der Kleinen abgestimmten Infrastruktur hapert es dagegen noch häufig.

Ausländische Kinder stehen bei jeder Kontaktnahme sofort im Mittelpunkt. Auch mutieren die Kleinen, ob sie wollen oder nicht, überall unweigerlich zu begehrten Kamerastars. Jeder Iraner wird sich bemühen, es den kleinen Gästen so angenehm wie möglich zu machen. Eine kindgerechte Ausstattung sucht man in vielen Situationen noch vergeblich. So haben viele Taxis auf den Rücksitzen keine Sicherheitsgurte, ganz zu schweigen von Kindersitzen. Und wie die oft erschreckende Fahrweise der Iraner auf junge Nervenkostüme wirkt? In den meisten Restaurants lesen Ihnen die Kellner zwar jeden Wunsch von den Lippen ab. Kindgerechte Speisen, Portionen oder Bestecke findet man jedoch so selten wie erhöhte Stühle oder Spieleecken. Ein Pluspunkt: Das Essen ist in der Regel nicht scharf gewürzt. Apropos: Babynahrung und -puder sind, wie auch Windeln, zumindest in den Städten problemlos erhältlich.

Eine Herausforderung für Eltern sind die langen Distanzen. Auf den vielstündigen Fahrten durch für Kinderaugen oft monotone Landschaften herrscht erhöhter Unterhaltungsbedarf. Auch zu Fuß die lärmigen, hektischen Großstädte zu erkunden, werden die Kleinen wohl eher als anstrengend denn interessant empfinden. Und auch die Eltern als potenziell stressig. Denn im Menschengewühl der Basargassen verliert man den Nachwuchs leicht aus den Augen. Und mit Kinderwagen wird jeder Bummel zum Geschicklichkeits-Hindernislauf.

Da heißt es erfinderisch sein und zwischen Sightseeing-Stationen für Abwechslung sorgen. Ein Tipp für Isfahan: Eine Fahrt mit der Droschke um den Großen Platz sorgt für frische Jauchzer *(eine Runde pro Kutsche ca. 400 000 Rial | Stellplätze im nördlichen Bereich, nicht weit vom Eingang in den Basar)*. Alternativ: Radeln Sie doch mit dem Leihfahrrad (S. 57) unten am Fluss entlang. Hin und wieder werden Sie aber auch auf kleine Perlen stoßen, wie die entzückende Privatinitiative in Kashan: In ihrem *Puppenmuseum (tgl. 10–18 Uhr | Eintritt 50 000 Rial | Allameh Street 43 | neben Tabatabai-Haus)* zeigt das Ehepaar Soheili Puppen aus verschiedenen Ländern und Epochen. Am Ende der Führung können Jung und Alt in ihrer Werkstatt aus Kichererbsenpüree Püppchen formen.

So große Sandkästen gibt's zu Hause nicht. Aber auch andere Iran-Besonderheiten versprechen Spaß für kleine Touristen

AQUAPARKS

In etlichen Großstädten wurden in den letzten Jahren Indoor-Erlebnisbäder aus dem Boden gestampft. Tolle Water Parks warten u. a. in Teheran *(Pars Aqua Village)*, Qom, Tabriz und, einladend bei der südlichen Hitze, in Ahvaz. Besonders spektakulär ist das neue *Water Waves Land (Andisheh Blvd. 83, nahe Azadi Hwy. | tgl. 9–23 Uhr | Eintritt p. P. 600 000 Rial)* in Mashhad. Hier können an speziellen Familientagen sogar Ehepaare gemeinsam in die Fluten tauchen!

BOOTSFAHRTEN

Immer für frischen Stimmungswind sorgt ein Ausflug hinaus aufs Wasser, besonders wenn dazu noch tierische Begegnungen anstehen. Ganz oben im einschlägigen Ranking rangiert eine Tour im Außenborder zu den Delphinen vor Hengam (S. 94). Vögel lassen sich quasi gleich nebenan beobachten in den Mangroven von Qeshm (S. 93) sowie oben an der Küste des Kaspischen Meeres in der Lagune von Mordab bei Bandar Anzali (S. 40).

SANDKASTENSPIELE & KAMELREITEN

Dünen zu erklettern und auf dem Hosenboden hinunterzurutschen ist ein Spaß, den Kinder von daheim definitiv nicht kennen. Auch Dünenwanderungen und Burgenbau mit Quellwasser versprechen positives Feedback. Ein authentisches Erlebnis ist natürlich auch, auf einem Kamelhöcker durch die Gegend zu gondeln. Wenn man dann noch unterm Millionen-Sterne-Himmel übernachten, an Viehtränken duschen und in den Oasen kleine Frösche beobachten kann, ist das Abenteuer vollkommen. Rundum perfekte Wüstenerlebnispakete mit ein- oder mehrtägigen Kameltrekking-Touren organisiert zum Beispiel Maziar Aledavood in Garmeh (Erlebnistour 2, S. 107).

EVENTS, FESTE & MEHR

EVENTS & NEWS → S. 2/3

An allen religiösen Feiertagen finden ausführliche Gebete in den Moscheen, teilweise auch Umzüge in den Straßen statt. Termine und Verlauf sind in der Regel nicht rituell fixiert, an denen man sich als Tourist orientieren könnte. Auf die vielerorts stattfindenden Umzüge stößt man eher zufällig.

RELIGIÖSE FEIERTAGE

Die wichtigsten religiösen Feste, an denen Sehenswürdigkeiten geschlossen sind:

19. Feb. 2018, 9. Feb. 2019: Todestag Fatimas

29. März–1. April 2018, 19.–22. März 2019 Geburtstag Imam Alias und Etekaf *(nur Moscheen geschlossen)*

16. Mai–14. Juni 2018, 6. Mai–5. Juni 2019 Während des Fastenmonats *Ramadan*, der mit dem Opferfest *Eid al-Fitr* endet, sind zwar alle Attraktionen zugänglich, der Alltag läuft jedoch in vielen Bereichen verlangsamt

5. Juni 2018, 26. Mai 2019 Todestag Imam Alis

9. Juli 2018, 29. Juni 2019 Todestag Imam Sadeghs

19./20. Sept. 2018, 9./10. Sept. 2019 *Tassua* und *Ashura,* Gedenken an Imam Husseins Tod in der Kerbela-Schlacht

31. Okt. 2018, 20. Okt. 2019 *Arbain,* der 40. Tag nach Ashura

8. Nov. 2018, 28. Okt. 2019 Todestag des Propheten Mohammed

9. Nov. 2019, 29. Okt. 2019 Todestag Imam Rezas

FESTE/FESTIVALS

JANUAR/FEBRUAR

Fajr Int. Theaterfestival: interessante Inszenierungen aus dem In- und Ausland auf mehreren Bühnen Teherans. Parallel läuft das ***Fajr Music Festival*** *(www.fajrmusicfestival.com). Zweite Monatshälfte*

Jashn-e Sadeh: altiranisches, mit großen Freudenfeuern begangenes Mittwinterfest. *(29./30. Jan.)*

Fajr Film Festival: 10-tägige, weltweit be achtete Leistungsschau des iranischen Kinos, Ableger für internationale Filme im April, beide in Teheran. *www.fajriff.com*

MÄRZ

Chaharsanbe-Suri: In der letzten Dienstag-Nacht des Jahres wird gesungen, gelärmt, werden zur Vertreibung der Wintergeister Feuer entzündet.

Nowruz: Das wichtigste nicht-religiöse Fest markiert den Beginn des Frühlings und neuen Jahres. Ein Fest der Familie

Der Mond bestimmt den Rhythmus der Feiertage im Iran, in dem außergewöhnlich viele religiöse Feste begangen werden

und die Zeit für längere Urlaube. Für zwei Wochen nimmt das ganze Land eine Auszeit. Viele Behörden, Läden, Restaurants – nicht aber touristische Sehenswürdigkeiten! – sind geschlossen. *21.–24.*

MAI

Rosenwasser-Festival: Zum Höhepunkt der Ernte- und Destilliersaison stehen die berühmten „Rosendörfer" Qamsar und Niyasar bei Kashan ganz im Zeichen der duftenden Tradition. *Zweite Monatshälfte*

AUGUST

Mobarak Puppentheater-Festival: Gastspiele in- und ausländischer Meisterensembles zeigen in Teheran ihre Kunst. *Zweite Monatshälfte*

OKTOBER

Nomadenzüge: Unterwegs im Bergland begegnet man Nomaden, die mit ihren riesigen Tierherden zum Überwintern in den Süden ziehen. Im März/April wandern sie wieder zurück.

Mehregan: Fest des Erntedanks und der gegenseitigen Verbundenheit. *9./10.*

DEZEMBER

Shab-e Yalda*:* die längste Nacht. Man feiert mit Freunden und Verwandten den Sieg des Lichts über die Finsternis, entzündet Feuer, liest Hafis-Verse und weissagt einander die Zukunft. *20./21. oder 21./22.*

FEIERTAGE

10. Feb.	Siegestag der Islamischen Revolution
19. März	Tag der Nationalisierung des Erdöls
21.–24. März	*Nowruz*
1. April	Gründung der Islamischen Republik
2. April	Tag der Natur *(Sizdah be Dar)*
4. Juni	Todestag Imam Khomeinis

LINKS, BLOGS, APPS & CO.

LINKS & BLOGS

www.parstoday.com Im Namen Gottes. Das deutschsprachige Nachrichtenportal des Staatssenders „Stimme der Islamischen Republik Iran"

www.joojooazad.com Radikal-kritischer Blog einer in Chicago lebenden Iranerin zu den Themen Politik, Kultur, Islam, aber auch Fotografie und Mode, zum Beispiel Teheraner Streetstyle

www.gitashenasi.com Führender Anbieter von hochprofessionellem Kartenmaterial mit Dutzenden – auch englischsprachigen – Plänen iranischer Städte und Provinzen im Sortiment

thetehrantimes Englischsprachiger Style- und Kunstblog aus Teheran. Kunterbunt, am Puls der Zeit und erfrischend frech, mit Schwerpunkt Mode und Gegenwartskunst

short.travel/10 „Ziegen unterwegs" – ein englischsprachiger Blog von Weltenbummlern für Weltenbummler, in dem der trockene Humor der Angelsachsen aus jeder Zeile quillt. Sehr unterhaltsam

www.reisedepeschen.de/asien/iran Geschichten auf Deutsch vom Reisen in (fast) alle Länder der Welt, mit prall gefülltem Digital-Ordner zum Thema Iran

www.marcopolo.de/iran Ihr Online-Reiseführer mit allen wichtigen Informationen, Highlights und Tipps, interaktivem Routenplaner, spannenden News und Reportagen sowie inspirierenden Fotogalerien

www.boell.de/de/iran-report Aktuelle Ausgabe und Download-Archiv des Iran-Reports, monatlich herausgegeben von der Heinrich-Böll-Stiftung. Ziel ist es, den Austausch zwischen Iran und Deutschland zu fördern und zivilgesellschaftliche Akteure zu vernetzen

Egal, ob für Ihre Reisevorbereitung oder vor Ort: Diese Adressen bereichern Ihren Urlaub. Da manche sehr lang sind, führt Sie der short.travel-Code direkt auf die beschriebenen Websites. Falls bei der Eingabe der Codes eine Fehlermeldung erscheint, könnte das an Ihren Einstellungen zum anonymen Surfen liegen

de.wikiloc.com/routen/wandern/iran Wandern, Jogging, Bergsteigen, Mountainbiken. Unzählige Routen von moderat bis schwer, zwar auf Farsi beschrieben, aber auf Google Maps im Detail dargestellt – gut als Orientierungshilfe

www.parstimes.com/arts Ein Muss für Kunstinteressierte: ein sehr eindrucksvolles Gesamtverzeichnis mit Aberhunderten englischsprachiger Links zu allen nur erdenklichen Aspekten iranischer Kunst von einst und heute. Unter anderem Links zu Websites vieler namhafter Regisseure, Schauspieler, Musiker, Bildender Künstler, Galerien sowie zu Themen wie Architektur, Gartenkunst, Teppiche, Tanz, Film, Kunsthandwerk u. v. m., plus umfangreichem Archiv historischer Fotos

tourismiran.ir/en Die Seite bietet erste grundsätzliche Informationen und Tipps zu Reisen in den Iran. Nach Regionen sortiert sind die wichtigsten Attraktionen aufrufbar. Nur auf Englisch

farsi-persisch-lernen.de Farsi studieren – vom Erste-Hilfe-Paket mit 80 Vokabeln und Sätzen für Kurzreisende bis zum vollständigen Kurs, an dessen Ende man die Sprache fließend spricht und liest. Auch als App

VIDEOS & MUSIK

www.moviepilot.de/filme/beste/land-iran Ein Querschnitt von mehr als 150 der wichtigsten Filme der gesamten iranischen Kinogeschichte von den 1930er-Jahren bis heute, mit Inhaltsbeschreibungen, Trailern und ergänzenden Blogs

short.travel/ira11 Bento, das Portal für junge Spiegel-Leser, hat auch zum Thema Iran jede Menge zu vermelden; zum Beispiel hier über die Underground-Musikrebellen – mit Querlinks zu einzelnen Bands

www.last.fm/de/tag/iran Kostenlos iranischen Musikern lauschen – ungewohntere Melodien vom klassischen Tar- und Sitar-Spieler bis zum brandneuen Rap- und Popsong

PRAKTISCHE HINWEISE

ANREISE

Lufthansa (www.lufthansa.com) fliegt von Frankfurt direkt nach Teheran, *Austrian (www.austrian.com)* von Wien nach Teheran, aber auch direkt nach Isfahan und weiter nach Shiraz. *Iran Air (www.iranair.com)* bedient die Strecken von Frankfurt, Hamburg, Köln und Wien, *Mahan Air (www.mahan.aero)* von Düsseldorf und München und *Germania (www.flygermania.com)* von Berlin nach Teheran. *Turkish Airlines (www.turkishairlines.com)* verbinden Istanbul direkt mit Teheran, Isfahan, Shiraz, Ahvaz, Mashhad und Tabriz. Auch die Anreise via Dubai mit *Emirates (www.emirates.com)* oder *Flydubai (www.flydubai.com)* bzw. via Doha mit *Qatar Airways (www.qatarairways.com)* ist empfehlenswert. Nach der Ankunft: Der Khomeini-Airport in Teheran ist seit Herbst 2017 ans Metronetz angeschlossen (Linie 1, Ticket zur Zeit des Redaktionsschlusses 8000 Rial). In allen anderen Städten mit Flughäfen bleiben für die Fahrt in die City, wie auch in Teheran als Alternative weiterhin, die (relativ preisgünstigen) Taxis.

GRÜN & FAIR REISEN

Auf Reisen können auch Sie mit einfachen Mitteln viel bewirken. Behalten Sie nicht nur die CO_2-Bilanz für Hin- und Rückflug im Hinterkopf *(www.atmosfair.de)*, sondern achten und schützen Sie auch nachhaltig Natur und Kultur im Reiseland *(www.gate-tourismus.de; www.zukunft-reisen.de; www.ecotrans.de)*. Gerade als Tourist ist es wichtig, auf Aspekte zu achten wie Naturschutz *(www.nabu.de; www.wwf.de)*, regionale Produkte, Fahrradfahren (statt Autofahren), Wassersparen und vieles mehr. Wenn Sie mehr über ökologischen Tourismus erfahren wollen: europaweit *www.oete.de*; weltweit *www.germanwatch.org*

AUSKUNFT

Die iranische Regierung betreibt im Ausland keine Fremdenverkehrsämter. Bei der Reiseorganisation helfen gerne auch die einschlägigen Veranstalter. Zwei im Iran bestens vernetzte, für die der Autor dieses MARCO POLO Bandes regelmäßig Studienreisen leitet, sind *Zeit-Reisen (zeitreisen.zeit.de)* in Hamburg und, auch für maßgeschneiderte Sonderprogramme, *Orientaltours (www.orientaltours.de)* in Frankfurt. Drei auf deutschsprachige Gäste spezialisierte Veranstalter mit langjähriger Erfahrung und Sitz in Teheran: *Arg-e Jadid (www.atc.ir bzw. deutschabteilung@atc.ir)*, *Dina Tour (www.dina.tours)* und, speziell für Berg-und Wüstentouren, *Alvan Tour (www.allventure.at)*.
Auskünfte erhalten Sie auch bei den iranischen Botschaften.

BOTSCHAFTEN DER ISLAMISCHEN REPUBLIK IRAN

– Deutschland: *Podbielskiallee 65–67 | 14195 Berlin | Tel. 030 84 35 30 | www.de.berlin.mfa.ir*
– Österreich: *Jauresgasse 9 | 1030 Wien | Tel. 01 712 26 50 | www.vienna.mfa.ir*
– Schweiz: *Thunstr. 68 | 3006 Bern | Tel. 03 13 51 08 01 | www.iranembassy.ch*

Von Anreise bis Zoll

Urlaub von Anfang bis Ende: die wichtigsten Adressen und Informationen für Ihre Reise in den Iran

DIPLOMATISCHE VERTRETUNGEN

DEUTSCHE BOTSCHAFT (🕮 r4)
Kh. Ferdowsi 324, P. O. Box 11365–179 Teheran | Tel. 021 3 99 90 00, Handy für Notfälle: 0912 113 10 07 | www.teheran.diplo.de

ÖSTERREICHISCHE BOTSCHAFT (🕮 0)
Mirvali Alley 6–8, Niavaran, 19796–33755 Teheran | Tel. 021 22 75 00 40 | www.bmeia.gv.at/botschaft/teheran

SCHWEIZER BOTSCHAFT (🕮 0)
Kh. Yasaman 2, Sharif Manesh Ave., Elahieh, P. O. Box 19395–4683 Teheran | Tel. 021 22 00 83 33 | www.eda.admin.ch/tehran

EINREISE

EU-Bürger und Schweizer brauchen ein Visum. Über die genauen Visabedingungen sowie zur vorab nötigen Einholung einer Genehmigung, der sogenannten Referenznummer, informieren Irans Botschaften sowie die Generalkonsulate in Hamburg, Frankfurt und München. Bei organisierten Reisen besorgt diese in der Regel der Veranstalter. Individualreisende können die Referenznummer, ein sogenanntes e-Visa, über die englischsprachige Website *e_visa.mfa.ir/en/* beantragen. Dies ersetzt die bisherige anfängliche Einreichung vor Ort in einer diplomatischen Vertretung und klappt erfahrungsgemäß einwandfrei. Mit der Nummer und dem originalen Reisepass muss man aber weiterhin in der Konsularabteilung der iranischen Vertretung den Antrag für das eigentliche Visum stellen. Wer per Flugzeug einreist, kann auch direkt bei Ankunft ein 30-tägiges Touristenvisum ausgestellt bekommen. Generell muss der Pass noch mindestens sechs Monate gültig sein und darf keinen Hinweis auf eine Reise nach Israel enthalten.

FOTOGRAFIEREN

Grundsätzlich agieren Iraner vor Kameras äußerst entspannt, ja lieben es, gemeinsam mit Ausländern Selfies zu schießen. Dass man von Personen zuvor höflichkeitshalber deren Zustimmung einholt, versteht sich von selbst. Bei militärischen und polizeilichen Anlagen verstehen Uniformträger keinen Spaß. Auch in Grenzgebieten, in Häfen, auf Flughäfen, vor Behördengebäuden, Gefängnissen etc. sollte der Verschlussdeckel auf der Linse bleiben. Einschränkungen gibt es an manchen religiösen Stätten und in Museen.

GELD & PREISE

Währungseinheit ist der Rial (IRR). Das Papierbündel wird weniger dick, wenn

WAS KOSTET WIE VIEL?

Tee	0,80–1,50 Euro *für ein Glas*
Kebab	3–5 Euro *pro Portion*
Taxi	0,25 Euro/km *innerstädtisch*
Inlandsflug	30–60 Euro *one way*
Busfahrt	5–15 Euro *für eine Überlandfahrt*
Eintritt	7,50 Euro *Hauptsehenswürdigkeit*

man sich statt Scheinen die ebenfalls als Bargeld gehandelten „Bankschecks" über 1 Mio. geben lässt. Wechseln Sie am besten in Hotels oder offiziellen Wechselstuben, Banken trödeln und verrechnen schlechtere Kurse und Straßenhändler hauen gerne übers Ohr. Verwirrend ist, neben der Verwendung arabischer Ziffern bei Preisangaben, der informelle Gebrauch der Parallelwährung Toman. Ihr Wert entspricht 10 Rial. 300 000 Rial heißen umgangssprachlich 30 000 oder, noch verkomplizierender, auch nur 30 Toman. Im Zweifel die Summe ausdrücklich in Rial aufschreiben lassen. Mittelfristig soll der Toman den Rial offiziell ablösen. Internationale Schecks und Kreditkarten werden mit ganz seltenen Ausnahmen (noch) nicht akzeptiert. Auch die ATM-Maschinen reagieren auf ausländische Karten nicht. Deshalb unbedingt genügend Bargeld mitnehmen! In manchen Hotels, Souvenirläden und Reiseagenturen kann man auch mit Euros bezahlen.

GESUNDHEIT

Die medizinische Basisversorgung ist flächendeckend gewährleistet. In den großen Städten gibt es ausgezeichnete Ärzte, gute Krankenhäuser und Apotheken. Wer ein Visum beantragt, muss den Abschluss einer Reisekrankenversicherung belegen, ist also kostenmäßig automatisch abgesichert. Zusätzlich empfiehlt sich eine Rückholversicherung. Es sind keine Impfungen vorgeschrieben. Standardschutz gegen Hepatitis A und B, Polio, Tetanus, Diphtherie sowie eventuell Typhus und Tollwut, wenn Trekkingtouren geplant sind, ist sehr wohl ratsam. An der Golfküste und im tiefen Süden (Südosten) kommt im Sommer in geringem Maß Malaria vor. Um auf Nummer sicher zu gehen, sollte man statt Leitungswasser abgefülltes Mineralwasser trinken und, vor allem im Sommer, bei ungekochten, ungeschälten Speisen Vorsicht walten lassen. Auf Sonnenschutz achten, vor allem im Hochland!

INTERNETZUGANG & WLAN

Den Laptop, das iPad etc. mitzubringen und online zu gehen, ist kein Problem. Fast alle Hotels und viele Cafés bieten kostenloses, wenn auch manchmal noch recht langsames WiFi. Manche internationale Websites und Social Media aber, etwa Facebook und Twitter, werden von der Regierung zensiert oder blockiert.

KLEIDUNG

Die religiöse Vorschrift befiehlt Frauen überall im öffentlichen Raum, auch bei Verlassen des Flugzeugs, im Hotelrestaurant und Reisebus, ihr Haar mit einem Kopftuch *(Hijab)* und ihre Körperkonturen mit einem losen Mantel, einer langen Bluse und knöchellangen Hosen zu umhüllen. Viele moderne Iranerinnen nehmen das Gebot heute lockerer. Die Grundregel aber bleibt aufrecht, auch die, im Trauer- und Fastenmonat gedeckte Farben zu tragen. Nackte Füße, etwa in Sandalen, empfinden Iraner als ebenso unmöglich wie Männer in kurzen Hosen. Frauen müssen in manchen religiösen Stätten zusätzlich einen (dort auszuleihenden und stets sauberen) Tschador überstreifen, der sie von Kopf bis Fuß bedeckt.

KLIMA & REISEZEIT

Für klassische Besichtigungstouren eignen sich Frühjahr und Herbst ideal. Winter sind speziell im Nordwesten und -osten extrem kalt und schneereich, am Golf hingegen angenehm warm. Im Sommer atmet man in den nördlichen Bergregionen frisch durch, während man im Süden und in den Wüsten bei bis zu 50°C schwitzt und einen an der Kaspi-Küste extreme Schwüle plättet. Nennenswerten Niederschlag gibt es vor allem im Nord(west)en.

NOTRUF

Polizei: landesweit *Tel. 110, Krankenwagen: Tel. 115*

ÖFFENTLICHE VERKEHRSMITTEL

Busse: Bus fahren ist extrem preiswert und man erreicht praktisch jeden Ort. Diverse Unternehmen bieten vor allem zwischen den größeren Städten exzellente Verbindungen, oft auch über Nacht. Da auf Hauptstrecken alle 15 bis 30 Min. Busse verkehren, einfach am entsprechenden Busterminal Ticket kaufen und los. Auf Nummer sicher geht, wer die Tickets vorab über eine Agentur kauft. Für lange Fahrten sollte man die komfortableren VIP-Busse nehmen. Noch billiger und für kürzere Strecken gut sind Sammeltaxis *(Savari)* mit oft eigenen Standplätzen.
Eisenbahn: Das Schienennetz ist flächendeckend gut ausgebaut. Schnellverbindungen bestehen von Teheran nach Isfahan und Mashhad. Tickets kauft man online oder direkt an den Bahnhöfen. Vor allem in Ferienzeiten vorab buchen! *www.rai.ir, www.iranrail.net*
Inlandsflüge: Iran Air (www.iranair.com) und diverse andere Gesellschaften bedienen ein dichtes Streckennetz, das die meisten Provinzhauptstädte umfasst. Die Preise sind niedrig, mehrstündige Verspätungen aber häufig. Tickets am besten über Reiseagenturen besorgen, was in der Praxis nur vor Ort funktioniert.
Metro: Teheran besitzt eine sehr effiziente U-Bahn mit 5 Linien. Auch in Tabriz, Isfahan, Shiraz und Mashhad gingen vor Kurzem Metros in Betrieb.

WÄHRUNGSRECHNER

€	IRR	IRR	€
0,50	19 183	10 000	0,26
1	38 366	30 000	0,78
2	76 732	50 000	1,30
3	115 099	75 000	1,95
7	268 565	125 000	3,26
15	575 496	1 Mio.	26,06
40	1,53 Mio.	2,5 Mio.	65,15
50	1,92 Mio.	7 Mio.	182,42
300	11,51 Mio.	15 Mio.	390,89

ÖFFNUNGSZEITEN

Der Freitag ist arbeitsfrei. Behörden und Firmen arbeiten Sa–Mi 8/9–16/17, Banken bis 14 Uhr, z. T. auch donnerstags vormittags. Läden haben, auch in den Basaren, in der Regel Sa–Do 9–20 Uhr offen, in touristischen Zonen z. T. auch freitags nach dem Mittagsgebet. Circa 13–15.30 Uhr, im Sommer auch länger, ist Siesta. Restaurants sind oft mittags (ca. 12–15 Uhr) und abends (ca. 18.30–22 Uhr), einfachere Lokale den ganzen Tag geöffnet. Bei deutlichen Abweichungen sind bei den Adressen genaue Zeiten angegeben. Montags sind Museen oft zu. Im Sommerhalbjahr (21. März–21. Sept.) sind die meisten Museen und Sehenswürdigkeiten länger geöffnet als im Winter. Bei den Adressen im Band ist es auch ohne explizite Angabe möglich, dass außerhalb des Sommers später geöffnet und früher geschlossen wird.

ORIENTIERUNG VOR ORT

In manchen Städten gibt es Büros der Kultur- und Tourismusbehörde *Miras Farhangi*, die meist wegen der Sprachbarriere und aus Mangel an Schriftlichem für Europäer nur selten nützlich sind. Fragen Sie an der Hotelrezeption oder Passanten auf der Straße. Iraner sind enorm hilfsbereit. Von den Jüngeren in den Städten sprechen viele Englisch. Schilder sind überwiegend auch lateinisch beschriftet. Wo im Band mehrere Straßennamen angegeben sind, muss man in dieser Reihenfolge abzweigen, um ans Ziel zu kommen.

SICHERHEIT

Der Iran ist entgegen dem verbreiteten Klischee selbst für Frauen ohne Begleitung ein sehr sicheres Reiseland. Brutale Raubüberfälle passieren so gut wie nie, Taschendiebstähle viel seltener als etwa in Südeuropa. Seit vielen Jahren ist kein Normalo-Tourist mehr zu Schaden gekommen. Die größte Gefahr birgt der Straßenverkehr. Natürlich sollte man sich vor lautstarker Kritik an Religion und Regime am falschen Ort hüten, genau wie vor Reisen in den Südosten Richtung Pakistan und auch vor Trickbetrügern. Wenn die sich, vor allem in Teheran, nachts als Zivilpolizisten ausgeben und Sie auf der Straße kontrollieren wollen, bestehen Sie darauf, mit ihnen ins Hotel oder zur Polizeistation zu gehen! Aktuelle Orientierung bieten die Sicherheitshinweise des Auswärtigen Amts *(www.auswaertiges-amt.de)*.

STROM

Die Spannung beträgt 220 Volt. Für Normalstecker ist kein Adapter nötig, Schukostecker hingegen passen selten.

TAXI

Innerstädtische Taxis gibt es viele, alle ohne Taxameter. Preise sind Verhandlungssache, für Touristen zwar meist erhöht, aber im Vergleich noch sehr billig. Offizielle Taxis sind gelb oder grün, die vielen privaten, nicht gekennzeichneten aber auch ohne Bedenken nutzbar.

WETTER IN TEHERAN

	Jan.	Feb.	März	April	Mai	Juni	Juli	Aug.	Sept.	Okt.	Nov.	Dez.
Tagestemperaturen in °C	9	11	16	21	29	30	37	36	29	24	16	11
Nachttemperaturen in °C	-1	1	4	10	16	20	23	23	18	12	6	1
☀	6	6	6	7	9	12	11	11	10	8	7	6
☂	6	5	6	5	4	1	1	0	0	3	3	6

 ☀ Sonnenschein Stunden/Tag ☂ Niederschlag Tage/Monat

TELEFON & HANDY

Festnetzanrufe ins Ausland von Hotels oder Postämtern kosten sehr wenig. Noch preiswerter ist die Verwendung einer SIM-Karte, die man auf Flughäfen und in allen Handyshops gegen Vorlage des Reisepasses erhält. Das Mobilnetz ist flächendeckend ausgebaut. Auch deutsche Handys funktionieren, die Roaminggebühren sind aber hoch. Inlandsgespräche hingegen sind sehr günstig. Vorwahlen: D: 0049, A: 0043, CH: 0041, IR: 0098. Inländische Vorwahlen ändern sich mit entnervender Regelmäßigkeit.

TOILETTEN

Im öffentlichen Raum und auch bei Iranern daheim darf freies Hocken trainiert werden. Und wer Papier braucht, muss es mitbringen. Die meisten besseren Hotels und wenige gute Restaurants haben, zumindest ergänzend, westliche Sitzthrone. Nur die billigsten Quartiergeber stellen kein Papier bereit. Dieses sollte wegen der Verstopfungsgefahr im dafür vorgesehenen Eimer entsorgt werden. In Privatwohnungen wie auch Hotelzimmern betritt man den Sanitärraum nur mit eigens bereitgestellten Schuhen. WCs finden sich an den meisten (Bus-)Bahnhöfen, Tankstellen und Moscheen, sind aber häufig eine Zumutung für die Nase.

UNTERKUNFT

Irans Hotellerie bietet die gesamte Bandbreite an Quartieren, von den allerbilligsten *Mosaferkhanehs* bis zu Luxushäusern. Oft hapert es an der Qualität. Die Kategoriesysteme sind nur begrenzt mit westlichen Standards vergleichbar. In Tourismuszentren wie Isfahan oder Shiraz ist zur Reisesaison das Zimmerangebot extrem knapp, langfristig vorab zu buchen unverzichtbar. Außerhalb der Hauptreisezeiten kann man oft hohe Rabatte aushandeln. In den letzten Jahren eröffnen immer mehr privat geführte Pensionen in historischem Gemäuer, aber auch schicke Boutiquehotels in den Altstädten und in den Dörfern Ecolodges. Auch werden immer mehr Überlandkarawansereien in Hotels umgewandelt. In vielen kleineren Städten sind die staatlichen *Tourist Inns (Jahangardi | ittic.com)* eine verlässliche und saubere Option.

Couchsurfing ist offiziell verboten. Deshalb: nie gegenüber Behörden angeben! Camping ist für Ausländer nur beim Trekking in den Bergen oder Wüsten ratsam.

ZEIT & KALENDER

Der Unterschied zur Mitteleuropäischen Zeit beträgt 2,5 Stunden. Am 21. März werden die Uhren um 1 Stunde vor-, am 21. September zurückgestellt. In der religiösen Sphäre gilt der Mondkalender mit nur 354 Tagen. Der im Alltag verwendete Kalender umfasst zwar 365 Tage, die Jahreszählung aber beginnt erst mit 622 n. Chr. Im internationalen Austausch benutzen Iraner den westlichen, gregorianischen Kalender.

ZOLL

Sein Gepäck sollte man nicht mit Spirituosen, Schweinefleisch und Pornoheften füllen, deren Einfuhr ist nämlich strikt verboten. Bild- und Tonträger sowie Speicherplatten sollten keine heiklen Daten enthalten. Theoretisch sind Barbeträge von über 1000 US-Dollar zu melden. Die Einfuhr von elektronischem Equipment, Smartphone, Laptop, Kamera etc. ist, soweit es sich nicht um hochprofessionelle Filmausrüstung handelt, ebenso wenig ein Problem wie die Ausfuhr eines mittelgroßen Teppichs pro Person. Nur wirkliche Antiquitäten bedürfen einer Ausfuhrgenehmigung durch die Kulturbehörde.

SPRACHFÜHRER ENGLISCH

AUSSPRACHE

Zur Erleichterung der Aussprache sind alle englischen Wörter mit einer einfachen Aussprache (in eckigen Klammern) versehen. Folgende Zeichen sind Sonderzeichen:

θ hartes [s] (gesprochen mit Zungenspitze an der oberen Zahnreihe, zischend)
D weiches [s] (gesprochen mit Zungenspitze an der oberen Zahnreihe, summend)
' nachfolgende Silbe wird betont
ə angedeutetes [e] (wie in „Bitte")

AUF EINEN BLICK

ja/nein/vielleicht	yes [jäs]/no [nəu]/maybe [mäibi]
bitte/danke	please [plihs]/thank you [θänkju]
Entschuldige!	Sorry! [Sori]
Entschuldigen Sie!	Excuse me! [Iks'kjuhs mi]
Darf ich ...?	May I ...? [mäi ai ...?]
Wie bitte?	Pardon? ['pahdn?]
Ich möchte .../Haben Sie ...?	I would like to ...[ai wudd 'laik tə ...]/ Have you got ...? ['Həw ju got ...?]
Wie viel kostet ...?	How much is ...? ['hau matsch is ...]
Das gefällt mir (nicht).	I (don't) like this. [Ai (dəunt) laik Dis]
gut/schlecht	good [gud]/bad [bäd]
offen/geschlossen	open ['oupän]/closed ['klousd]
kaputt/funktioniert nicht	broken ['brəukən]/doesn't work ['dasənd wörk]
Hilfe!/Achtung!/Vorsicht!	Help! [hälp]/Attention! [ə'tänschən]/Caution! ['koschən]

BEGRÜSSUNG & ABSCHIED

Guten Morgen!/Tag!	Good morning! [gud 'mohning]/ afternoon! [aftə'nuhn]
Gute(n) Abend!/Nacht!	Good evening! [gud 'ihwning]/night! [nait]
Hallo!/Auf Wiedersehen!	Hello! [hə'ləu]/Goodbye! [gud'bai]
Tschüss!	Bye! [bai]
Ich heiße ...	My name is ... [mai näim is ...]
Wie heißen Sie/heißt du?	What's your name? [wots jur näim?]
Ich komme aus ...	I'm from ... [Aim from ...]

Do you speak English?

„Sprichst du Englisch?“ Dieser Sprachführer hilft Ihnen, die wichtigsten Wörter und Sätze auf Englisch zu sagen

DATUMS- & ZEITANGABEN

Montag/Dienstag	monday ['mandäi]/tuesday ['tjuhsdäi]
Mittwoch/Donnerstag	wednesday ['wänsdäi]/thursday ['θöhsdäi]
Freitag/Samstag	friday ['fraidäi]/saturday ['sätərdäi]
Sonntag/Werktag	sunday ['sandäi]/weekday ['wihkdäi]
Feiertag	holiday ['holidäi]
heute/morgen/gestern	today [tə'däi]/tomorrow [tə'morəu]/yesterday ['jästədäi]
Stunde/Minute	hour ['auər]/minutes ['minəts]
Tag/Nacht/Woche	day [däi]/night [nait]/week [wihk]
Monat/Jahr	month [manθ]/year [jiər]
Wie viel Uhr ist es?	What time is it? [wot 'taim is it?]
Es ist drei Uhr.	It's three o'clock. [its θrih əklok]

UNTERWEGS

links/rechts	left [läft]/right [rait]
geradeaus/zurück	straight ahead [streit ə'hät]/back [bäk]
nah/weit	near [niə]/far [fahr]
Eingang/Einfahrt	entrance ['äntrənts]/driveway ['draifwäi]
Ausgang/Ausfahrt	exit [ägsit]/exit [ägsit]
Abfahrt/Abflug/Ankunft	departure [dih'pahtschə]/departure [dih'pahtschə]/ arrival [ə'raiwəl]
Darf ich Sie fotografieren?	May I take a picture of you? [mäi ai täik ə 'piktscha of ju?]
Wo ist ...?/Wo sind ...?	Where is ...? ['weə is...?]/Where are ...? ['weə ahr ...?]
Toiletten/Damen/Herren	toilets ['toilət] (auch: restrooms [restruhms])/ladies ['läidihs]/gentlemen ['dschäntlmən]
Bus/Straßenbahn	bus [bas]/tram [träm]
U-Bahn/Taxi	underground ['andəgraunt]/taxi ['tägsi]
Parkplatz/Parkhaus	parking place ['pahking pläis]/car park ['kahr pahk]
Stadtplan/(Land-)Karte	street map [striht mäp]/map [mäp]
Bahnhof/Hafen	(train) station [(träin) stäischən]/harbour [hahbə]
Flughafen	airport ['eəpohrt]
Fahrplan/Fahrschein	schedule ['skädjuhl]/ticket ['tikət]
Zug/Gleis	train [träin]/platform [plätform]
einfach/hin und zurück	single ['singəl]/return [ri'törn]
Ich möchte ... mieten.	I would like to rent ... [Ai wud laik tə ränt ...]
ein Auto/ein Fahrrad	a car [ə kahr]/a bicycle [ə 'baisikl]
Tankstelle	petrol station ['pätrol stäischən]
Benzin/Diesel	petrol ['pätrəl]/diesel ['dihsəl]
Panne/Werkstatt	breakdown [bräikdaun]/garage ['gärasch]

ESSEN & TRINKEN

Reservieren Sie uns bitte für heute Abend einen Tisch für vier Personen.	Could you please book a table for tonight for four? [kudd juh 'plihs buck ə 'täibəl for tunait for fohr?]
Die Speisekarte, bitte.	The menue, please. [Də 'mänjuh plihs]
Könnte ich bitte ... haben?	May I have ...? [mäi ai häw ...?]
Messer/Gabel/Löffel	knife [naif]/fork [fohrk]/spoon [spuhn]
Salz/Pfeffer/Zucker	salt [sohlt]/pepper ['päppə]/sugar ['schuggə]
Essig/Öl	vinegar ['viniga]/oil [oil]
Milch/Sahne/Zitrone	milk [milk]/cream [krihm]/lemon ['lämən]
mit/ohne Eis/Kohlensäure	with [wiD]/without ice [wiD'aut ais]/gas [gäs]
Vegetarier(in)/Allergie	vegetarian [wätschə'täriən]/allergy ['ällədschi]
Ich möchte zahlen, bitte.	May I have the bill, please? [mäi ai häw De bill plihs]
Rechnung/Quittung	invoice ['inwois]/receipt [ri'ssiht]

EINKAUFEN

Wo finde ich ...?	Where can I find ...? [weə kän ai faind ...?]
Ich möchte .../Ich suche ...	I would like to ... [ai wudd laik tu]/I'm looking for ... [aim luckin foə]
Brennen Sie Fotos auf CD?	Do you burn photos on CD? [Du ju börn 'fəutəus on cidi?]
Apotheke/Drogerie	pharmacy ['farməssi]/chemist ['kemist]
Bäckerei/Markt	bakery ['bäikəri]/market ['mahkit]
Lebensmittelgeschäft	grocery ['grəuscheri]
Supermarkt	supermarket ['sjupəmahkət]
100 Gramm/1 Kilo	100 gram [won 'handrəd gräm]/1 kilo [won kiləu]
teuer/billig/Preis	expensive [iks'pänsif]/cheap [tschihp]/price [prais]
mehr/weniger	more [mor]/less [läss]
aus biologischem Anbau	organic [or'gännik]

ÜBERNACHTEN

Ich habe ein Zimmer reserviert.	I have booked a room. [ai häw buckt ə ruhm]
Haben Sie noch ...?	Do you have any ... left? [du ju häf änni ... läft?]
Einzelzimmer	single room ['singəl ruhm]
Doppelzimmer	double room ['dabbəl ruhm] (Bei zwei Einzelbetten: twin room ['twinn ruhm])
Frühstück/Halbpension	breakfast ['bräckfəst]/half-board ['hahf boəd]
Vollpension	full-board [full boəd]
Dusche/Bad	shower ['schauər]/bath [bahθ]
Balkon/Terrasse	balcony ['bälkəni]/terrace ['tärräs]
Schlüssel/Zimmerkarte	key [ki]/room card ['ruhm kahd]
Gepäck/Koffer/Tasche	luggage ['laggətsch]/suitcase ['sjutkäis]/bag [bäg]

BANKEN & GELD

Bank/Geldautomat	bank [bänk]/ATM [äi ti äm]/cash machine ['käschməschin]
Geheimzahl	pin [pin]
Ich möchte ... Euro wechseln.	I'd like to change ... Euro. [aid laik tu tschäindsch ... iuhro]
bar/ec-Karte/Kreditkarte	cash [käsch]/ATM card [äi ti äm kahrd]/credit card [krädit kahrd]
Banknote/Münze	note [nout]/coin [koin]
Wechselgeld	change [tschäindsch]

TELEKOMMUNIKATION & MEDIEN

Ich suche eine Prepaid-karte.	I'm looking for a prepaid card. [aim 'lucking fohr ə 'pripäid kahd]
Wo finde ich einen Internetzugang?	Where can I find internet access? [wär känn ai faind 'internet 'äkzäss?]
Brauche ich eine spezielle Vorwahl?	Do I need a special area code? [du ai nihd ə 'späschəl 'äria koud?]
Computer/Batterie/Akku	computer [komp'jutə]/battery ['bättəri]/recharge-able battery [ri'tschahdschəbəl 'bättəri]
At-Zeichen („Klammeraffe")	at symbol [ät 'simbəl]
Internetanschluss/WLAN	internet connection ['internet kə'näktschən]/Wifi [waifai] (auch: Wireless LAN ['waərläss lan])
E-Mail/Datei/ausdrucken	email ['imäil]/file [fail]/print [print]

ZAHLEN

0	zero ['sirou]	18	eighteen [äi'tihn]
1	one [wan]	19	nineteen [nain'tihn]
2	two [tuh]	20	twenty ['twänti]
3	three [θri]	21	twenty-one ['twänti 'wan]
4	four [fohr]	30	thirty [θör'ti]
5	five [faiw]	40	fourty [fohr'ti]
6	six [siks]	50	fifty [fif'ti]
7	seven ['säwən]	60	sixty [siks'ti]
8	eight [äit]	70	seventy ['säwənti]
9	nine [nain]	80	eighty ['äiti]
10	ten [tän]	90	ninety ['nainti]
11	eleven [i'läwn]	100	(one) hundred [('wan) 'handrəd]
12	twelve [twälw]	200	two hundred ['tuh 'handrəd]
13	thirteen [θör'tihn]	1000	(one) thousand [('wan) θausənd]
14	fourteen [fohr'tihn]	2000	two thousand ['tuh θausənd]
15	fifteen [fif'tihn]	10000	ten thousand ['tän θausənd]
16	sixteen [siks'tihn]	1/2	a/one half [ə/wan 'hahf]
17	seventeen ['säwəntihn]	1/4	a/one quarter [ə/wan 'kwohtə]

REISEATLAS

Verlauf der Erlebnistour „Perfekt im Überblick“
Verlauf der Erlebnistouren

Der Gesamtverlauf aller Touren ist auch in der herausnehmbaren Faltkarte eingetragen

 Bild: Musikzimmer im Ali-Qapu-Palast in Isfahan

Unterwegs im Iran

Die Seiteneinteilung für den Reiseatlas finden Sie auf dem hinteren Umschlag dieses Reiseführers

HAYASTAN
(ARMENIA)
A
B
C
1
2
3
4
5
6
Iğdır
Aralık
Büyükağrı D.
(Ararat)
Doğubayazıt
İshak Paşa Sarayı
Artašat
Ararat
Egegnajor
Istisu
Jermowk
Šarabasi
Step'anakert
Ağdam
Ağcabədi
Martowni
Beyləqan
Imişli
Šowši
Sisian
Bich'anaki Cerr.
Hanrapetowt'yown
Bəhramtəpə
Parsabad
Füzuli
Horadiz
Barān
Bilehsavar
Naxçıvan
Gyrag
Šahbuz
Goris
Tatev
Kapan
K'ajaran
Qazangödak
Muxtar Respublikası
Meğri
Xoda Afarin
Maku
Siyah Česme
Çaldıran
Muradiye
Armenian Monastic Ensembles
Qare Ziyā'od-Din
Culfa
Golfa (Jolfa)
Rud-e Aras
Kaleibar
Gendarān Bāshī
Germī
Kiyāmakī Dāğ
Özalp
Faruraq
Evogli
Zonūz
Qara Dāğ
Ahar
Qotūr
HOY (KHOY)
Qaşabe
Marand
Vardin
Kūh-hā-ye Sabalān
Mešginšahr
Šahrīvar
Salmās
Tasūğ
Šarafhāne
Sūfiyān
Bilverdī
Heris
Sar'ein
Qaşrik
Hān-e Tahtī
Sabestar
Sis
TABRĪZ
Nir
Ardabīl
Daryače-ye Orumiye
Urumieh Lake Nat. Park
Oskū
Teymurlu
Dūzdūzān
Sarāb
Bostānābād
Āğī Čay
Dilezi Geç.
Gangačin
Serou
Bandar-e Golmānhāne
Gāvgān
Āzaršahr
Kūh-e Sahand
Āzarbāygan-e Šarqī
Torkamān
Yüksekova
ORŪMĪYE
Āğabšīr
MARĀĞE
Hastrūd
Rūd-e Qarānqū
Miyāne
Silvāne
Rašakān
Bonab
Bory-e Bāta
Āq Kand
Šemdinli
Dire
Dize
Ošnūye
Malekkandī
Qare Āğāğ
Arbat Dāğ
Zanğān Rūd
Šūšīn
Qotūr Čay
Naqade
MIYĀNDOAB
Kūh-e Barādār-e Šāh
Māhnešān
Qaldiyān
Rayat
Pīrānšahr
Āzarbāygan-e Ğarbī
MAHĀBĀD
Mahmud Jiq
Šāhīn Dež
Kurdistan
Rawandūz
Zarrine Rūd
Takht-e Soleimān
Zarrīnābād
Šaqlāwa
Simine Rūd
BOUKĀN
Takab
Gol Tappe
Rāniya
Qal'e Dize
SAQQEZ
Qal'at (Citadel)
ARBĪL
Rūd-e Zāb-e Kučak
Dūkān Buhairat
Sardašt
Trānsāh
Qoğūr
Kūysanğaq
Taqtaq
Dūkān
Bāne
Nanūr
Dīvāndarre
Uzan Qoli
Altūn Kūprī
Māwat
Kūh-e Hoğālak
Čam-e Qezel
Seyyedān
AL-'IRĀQ
Ğam-ğamāl
Gole
Češme Bīğār
Bābā Gurgūr
AS-SULAIMĀNĪYA
Hāv
Čenāreh
Kordestān
Mārivān
Hoseinābād
KIRKŪK
'Arbat
Qara Dāğ
Tiztiz
SANANDAĞ (SANANDAJ)
Sangāv
Šahrazūr
Halabğa
Salavātābād
Qorve
Tāwūq
Hān Zūr
Āq Su
Uramān Tal
Rūd-e Sīrvān
Faqih Soleimān
Gāve Rūd
Šālehābād
Darband-e Hān
Nousūd
Pāve
Kūh-e Šāhū
Tūz Hurmātū
Azgale
Ğavānrūd
Sonqor
Asadābād
Ğabal Hamrīn
Kifrī
Emām 'Abbās
Āb-e Zimkān
Ravānsar
Kāmyārān
Kūh-e Dalāhānī
Qasr-e Šīrīn
Bābā Yādegār
Kermānšāh
Šahne
Kangāvar
Buhairat Šārī
Inğāna
Kallār
Sar-e Pol-e Zahāb
Kūzarān
Qara Sū
Kūh-e Parou
Hosrovīā
Taq-e Bostān
Bisotūn
Galūlā
Hānaqīn
Kerend
Māhīdašt
Rūd-e Gamasiāb
N. al-'Uzaim
Gīlan-e Garb
KERMĀNSHĀH
Harsīn
Balad al-Mala
Rūd-e Čam-e Ravand
Nūrābād
Gamil al-'Imrān
al-Hālis
al-Miqdādīya
Nafte-Šāh
Eslāmābād-e Garb
Sūmār
BA'QŪBA
Mandalī
Rūdhāne-ye Gangir
Šāh Bodāğ
Rūdhāne-ye Kaškān
Ahmad al-Yāsin
Balad Rūz
ĪLĀM
Dū Šaih
Lūmār
Kūhdašt
Sarāb Dōre
BAĠDĀD
Tursāq
Sultān
Dal'at

138

Qobustan
Ələt
Əli Bayramlı
D
E
F
Türkmenbaşi
Krasnowodsk zapowednigi
BAYCAN
Salyan
Şirvan qoruğu
Kür
Neftçala
Qızılağac qoruğu
50 km
31.07 mi
1
Çeleken
Masallı
Port-İliç
Lənkəran
Ogurjaly adasy
Astara
Āstārā
Caspian Sea
2
Hoṭbe Sarā
Haštpar
Asālem
+2h Gr.Time
+5h Gr.Time
+3h30 Gr.Time
BANDAR-E ANZALĪ
Bojagh Nat. Park
Homām
Bandar-e Farahnāze
Kenār Daryā
Rezvān Šahr
Fouman
RAŠT
Kūčesfahān
Āstāne
Lāhīǧān
Langarūd
Rūdsar
Kalāčāy
Čāboksar
Rāmsar
3
Gir Deh
Tālem
Gīlān
Rudbar
Gavāher Deh
Tonekābon
Abbāsābād
Čalūs
Noušahr
Mahmūdābād
Fereidūnkenār
Bābolsar
Čurtī
Nūr
BĀBOL
Sefīd R.
Kūhhā
Hir
Mo'allem Kalāyeh
Marzanābād
Koǧūr
ĀMOL
QĀIMŠAHR
Sīrgāh
Kūh-e Sendān Dāǧ
Sīrdān
Kūhīn
Kūh-e Taht-e Soleiman
Māzandarān
Rūdhāne-ye Heraz
Balade
Lar Nat. P.
Abhar Rūd
Āqā Bābā
QAZVĪN
Šāh Rūd
Šahrak
Alborz
Gačsar
Darband Sar
Horram Darre
Abhar
Ziyā Ābād
Tākestān
Ābyek
Fašam
Lār-e Polūr
Kūh-e Damāvand
Gazanak
4
Qazvin
Abgarm
Danesfahan
Būīn
KARAǦ (KARAJ)
Rūdehen
Damāvand
Fīrūzkūh
Golestān Pal.
Eštehārd
ŠAHRIYĀR
ESLĀMŠAHR
REYY
TEHRĀN
Tehrān
Āveǧ
Gardāne-ye Āveǧ
Robātkarīm
QARČAK
Razan
Kūh-e Inǧeqare
Parandak
Hasanābād
IKA
Ma'mūniye
Eivānakī
Qorve
Rāzeqān
Rūdhāne-ye Šorūd
VARĀMĪN
Garmsār
Fāmanīn
Noubarān
Tağarak
Rūdhāne-ye Mazdaqān
SĀVE
Bāqerābād
Houz-e Soltān
Qom-Garmsār Freeway
Rūdhāne-ye Golū
Āb-e Do
5
Qahāvand
MADĀN
Kūmeǧān
Tafreš
Qara Čāy
Gazerān
Qara Čāy
Mozaffarābād-e Masīleh
Kavīr National Park
Markazī
Fāmarīn
Āštiyān
QOM
Qom
Daryā-ye Namak
Sūrāb
Mārengāb
Malāyer
Salafčegān
Neizār
Naufal le-Chateau
ARĀK
Ārān
Īrān
KĀŠĀN (KASHAN)
Deliǧān
Rūd-e Qom
Āštāne
Sāzand
Mahallāt
Bagh-e Fin
Bād
6
Qamsar
Mūgār
Zavāre
Homein
Konjed Jān
Qanat of Vazvān
Meime
Dorūd
Aznā
Alīgūdarz
Rūd-e Anārbār
Gūge
Golpāyegān
Kūh-e Ošturān
Soǧā'ābād
Ardestān
139

A
B
C
1
2
3
4
5
6
Türkmenbaşi
M37
350
Oglanly
Uzboj
Krassnowodsk aýlagy
Krassnowodsk zapowednigi
T Ü R
1881 Arlandag
Jebel
Uly Balkan
Goturdepe
Çeleken
Balkanabad
Alaja
93
60
50 km
31.07 mi
Gazanjyk
Gumdag
Kiçi Balkan
74
Ogurjaly adasy
Serdar
Garagaz
1005
Türkmen aýlagy
peski Sëjunagsak
Bugdajly
Garrygala
Sumbar
Gyzylbajyr
Madau
Ekerem
Marāve Tappe
Esenguly zapowednigi
Rūd-e Atrak
Gyzyletrek
Seyyedābād
Golestan N.P.
230
Āšḫā
Gudryolum
Čaman Bīd
Īnč e Borūn
Kalāle
Esenguly
Atrek
22
38
Golestan
GONBAD-E QĀBŪS
155
Rūdḫāne-ye Gorgān
Sadd-e Eskandar (Qezel Alān)
Mīnūdašt
Kūh
Ğomīšān
-28
Āzād Šar
Garme
Āq Qal'e
Alīābād
Hān Beben
Bandar-e Torkemān
Ğāgarm
Fereidūnkenār
Bābolsar
Ḥazarābād
Bandar-e Gaz
196
100
96
Razī
Behšahr
GORGĀN
(2079)
Hoš Yeilāg
Kord-Kuy
Galūgāh
Reyābād
BĀBOL
22
Neka
SĀRĪ
Bagh-e Abas Abad
Ğīlān
20
40
Rūdḫāne-ye Neka
3910
Bestām
269
Moğen
Meyāmei
QĀIMŠAHR
Qare Sū
Šīrgāh
Kalāte
65
ŠĀHRŪD
64
80
Alborz
'Abbāsābād
50
Šīrīn Rūd
50
Kiyāsar
Dāmgān
Pol-e Safīd
Bīārğmand
Amīrābād
Damāvand
44
Kavīr-e Ḥagg 'Alī Qolī
119
Šahmīzād
114
44
Čāh Ğām
65
79
Fīrūzkūh
Mahdišahr
179
Ma'bad
Tehrān
3265
36
SEMNĀN
Touran Nat. Park
60
36
2357
118
Čāh Šīrīn
Ṭorūd
115
Šūr Āb
Mo'allemān
Āb-e Doulatī
81
1
Semnān
Šatt-e Šūr
145
Kavīr National Park
Kavīr
Dašt-e
Ešqābād
Īrān
Ğandaq
72
104
Ḥūr
Čūpānān
60
113
62
140
81
2
(1366)
Godār-e Kalmard
Anārak
Bayāzīye

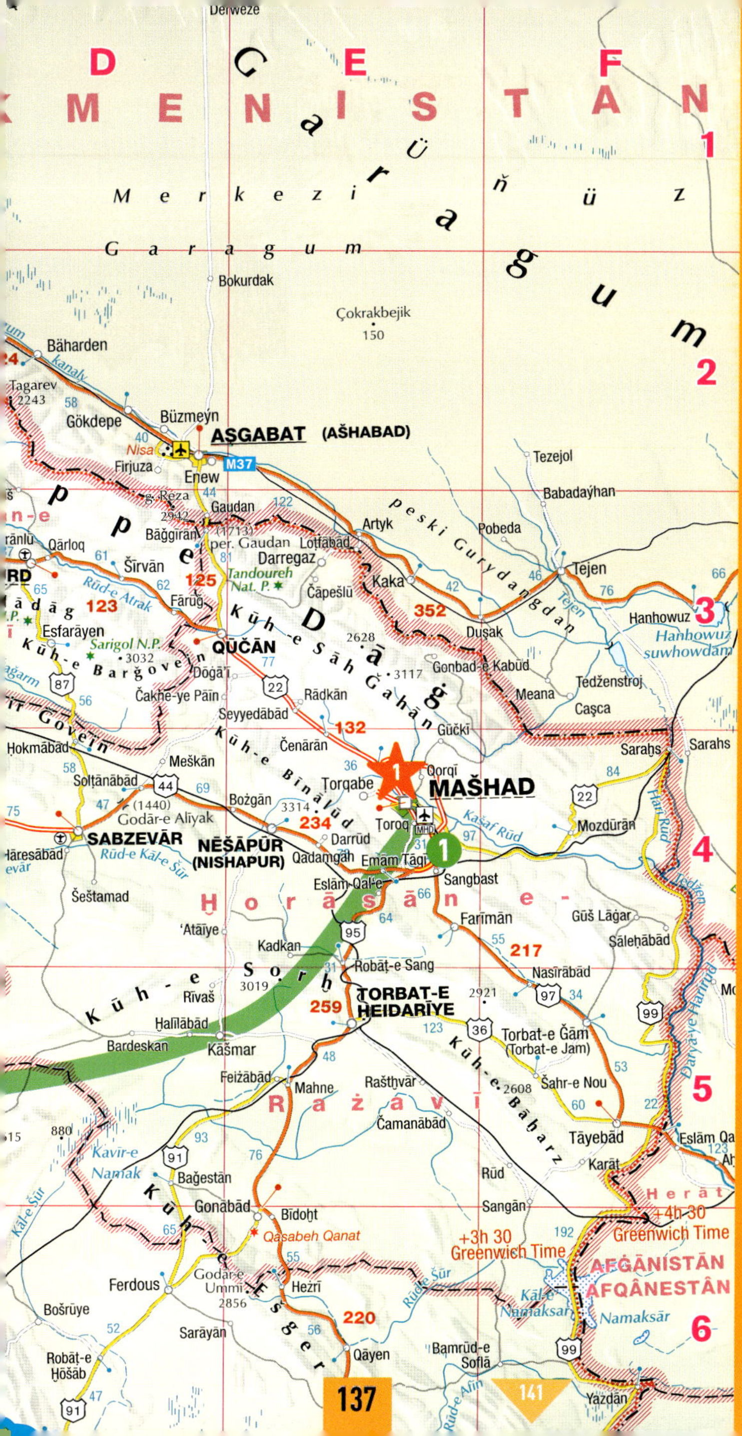
D
E
F
TÜRKMENISTAN
Garagum
Merkezi Garagum
Günüz
Derweze
1
2
3
4
5
6
Bokurdak
Çokrakbejik
150
Bäharden
Tagarev
2243
Gökdepe
Büzmeýin
AŞGABAT (AŠHABAD)
Nisa
Firjuza
Enew
M37
g. Reza
2942
Gaudan
Bäǧgiran
per. Gaudan (1713)
Lotfābād
Darregaz
Tandoureh Nat. P.
Čāpešlū
Artyk
Kaka
peski Gurydangdan
Tezejol
Babadaýhan
Pobeda
Tejen
Hanhowuz
Hanhowuz suwhowdany
Dušak
Gonbad-e Kabūd
Meana
Tedženstroj
Casca
Sarahs
Šīrvān
Qārloq
Fārūǧ
Esfarāyen
Sarigol N.P.
3032
Kūh-e Barǧovein
QŪČĀN
Dōǧā'ī
Kūh-e Sāh Gahān
2628
3117
Rādkān
Čakhe-ye Pāin
Seyyedābād
Čenārān
Gūčkī
Qorqī
Torqabe
MAŠHAD
Toroq
MHD
Kašaf Rūd
Mozdūrān
Hokmābād
Meškān
Soltānābād
Godār-e Alīyak (1440)
SABZEVĀR
Rūd-e Kāl-e Šūr
Hāresābād
Kūh-e Bīnālūd
3314
Božgān
NĒŠĀPŪR (NISHAPUR)
Qadamgāh
Darrūd
Emām Tāqī
Eslām Qal'e
Sangbast
Horāsān-e Razavī
Farīmān
Gūš Lāgar
Šāleḥābād
Hari Rūd
Tedžen
Šeštamad
'Atāīye
Kadkan
Robāt-e Sang
Kūh-e Sorh
3019
Rīvaš
TORBAT-E HEIDARĪYE
2921
Nasīrābād
Torbat-e Ǧām (Torbat-e Jam)
Šahr-e Nou
Daryā-ye Harirūd
Ḥalīlābād
Bardeskan
Kāšmar
Feizābād
Mahne
Raštḥvār
Čamanābād
Kūh-e Bāḫarz
2608
Tāyebād
Karāt
Eslām Qal'e
Kavīr-e Namak
Bağestān
Gonābād
Bīdoḫt
Qasabeh Qanat
Rūd
Sangān
Herat
+4h 30 Greenwich Time
+3h 30 Greenwich Time
AFĠĀNISTĀN
AFQÂNESTÂN
Namaksār
Kāl-e Namaksār
Rūd-e Šūr
Kāl-e Šūr
Ferdous
Godār-e Ummi
2856
Kūh-e Esger
Hezrī
Bošrūye
Sarāyān
Qāyen
Bamrūd-e Soflā
Robāt-e Ḥošāb
Rūd-e Afīn
Yazdān
880
Mo
Ah
22
36
44
87
91
95
97
99
125
123
352
132
234
217
259
220
137
141

A
B
C
1
2
3
4
5
6
134
142
Kermānšāh
Lorestān
Īlām
Kūh-e Kabīr
Huzest
al-Kuwait
Kurdistan
Darband -e Hān
Nousūd
Pāve
Kūh-e Šāhū
Faqīh Soleimān
Salavatabad
Qorve
Gol Tappe
Kūriğān
Fāmanīn
Tağar
Azgale
Songor
Šāleḥābād
Asadābād
Bahār
Qahavand
HAMADĀN
Kūh-e Alvand 3571
Kūh-e Dalāhānī
Qasr-e Šīrīn
Emām ʿAbbās
Gavanrūd
Ravānsar
Kāmyārān
Bābā Yādegār
Şahne
Kangāvar
Tūyserkān
Sar-e Pol-e Zahāb
Kūzarān
Kūh-e Parou 3393
Taq-e Bostān
Bīsotūn
Fīrūzābād-e Bālā
Goukār
MALĀYER
Hānaqīn
Kerend
Māhīdašt
Gīlan-e Garb
KERMĀNŠĀH
Harsīn
Nehāvand
Eslāmābād-e Garb
Nūrābād
Ostorīnān
Nafte-Šāh
Sūmār
Kūh-e Garīn 3638
Āstāne
Mandalī
ĪLĀM
Šāh Bodāg
BORUĞERD
Čağalvandī
Dū Saih
Česme Kabūd
Lūmār
Kūhdašt
Sarāb Dōre
KHORRAMĀBĀD
Dorūd
Tursāq
Zāge
Sultān
Dal'at Rašīd ʿAbbās
Kūh-e Varzarīn 2899
Malāvī
Māsūr
Kūh-e Ošturān
Sepīddašt
Šūkābād
Badra
Pīr
Mehrān
Darre Šahr
Šaih Ahmad
Ābdānān
Nasrīyān
Haur Suwaiqia
Šaih ʿĀbid
Dehlorān
Hoseinīye-ye Hoda Dād
Šaih Sa'd
Čilat
Mūsiyan
Dašt-e ʿAbbās
al-Kūt
ʿAlī al-Ğarbī
Andīmešk
DEZFŪL
Lālī
Kuwait
Kūt-e Gāpū
Gatvand
Kūt al-Hayy
Wāsit
Haur as-Sa'dīya
Šūš
Haft Tappe
Šūštar
Šaih Fāris
Adab
al-Kumait
Čoqā Zanbīl
Qal'at Sukkar
al-ʿAmāra
Bostān
MAŠĞ SOLE
ar-Rifā'ī
Haur al-Hawīza
Sūsangerd
Telloh
Qal'at Sālih
Šarmuhīya
Hoveize
Hamīdīye
Veis
aš-Šatra
Haur Gamūqa
al-ʿUzair
AHVĀZ
Kūpāl
Uruk
Nā'if al-Āğil
AN-NĀṢIRĪYA
al-Qurna
Rāmšīr
Sūq aš-Šuyūh
Eridu
Ur
Abū Šuwayyir
Haz'alīya an-Nasva
Tall al-Lahm
Tall Gudaida
Haur al-Hammār
Šadegān
Sar Bandar
BANDAR MAH
al-Qusair
Ğaliba
AL-BAŞRA
Yamin
HORRAMŠAHR (KHORRAMSHAR)
Imām Anas
ĀBĀDĀN
Bandar-e Emām Homeinī
az-Zubair
Abū l-Haşīb
Šiba
Qasr Šagra
Mahfar al-Buşayya
Rumaila
Arvand Kenār
Umm Qasr
Hulaiba
al-Fāw
Ra's-e Ābādān
ar-Raudatain
al-Qīšla
Ğazīrat Būbiyān
al-Bahra
al Subiya
ʿUqlat al-ʿUdaiba
+3h Gr.Time
+3h30 Gr.T
Halīğ al-Kuwait
Ğazīrat Failaka
AL-ĞAHRA
AL-KUWAIT
ar-Ruqai
al-Ahmadī
al-Fuhaihīl
Mīnā' ʿAbdallāh
Khabrat al-Dawish
Mīnā' Su'ūd
Ra's az-Zaur
al-Khiran
al-Wafra
al-Nuwaisib
al-Bādiya al-Ğanūbīya
aš-Šāmīya
Banī Rikāb
Banī Sa'īd
ar-Rihab
Haur ʿAbdallāh
Dīğla
Šaṭṭ al-ʿArab

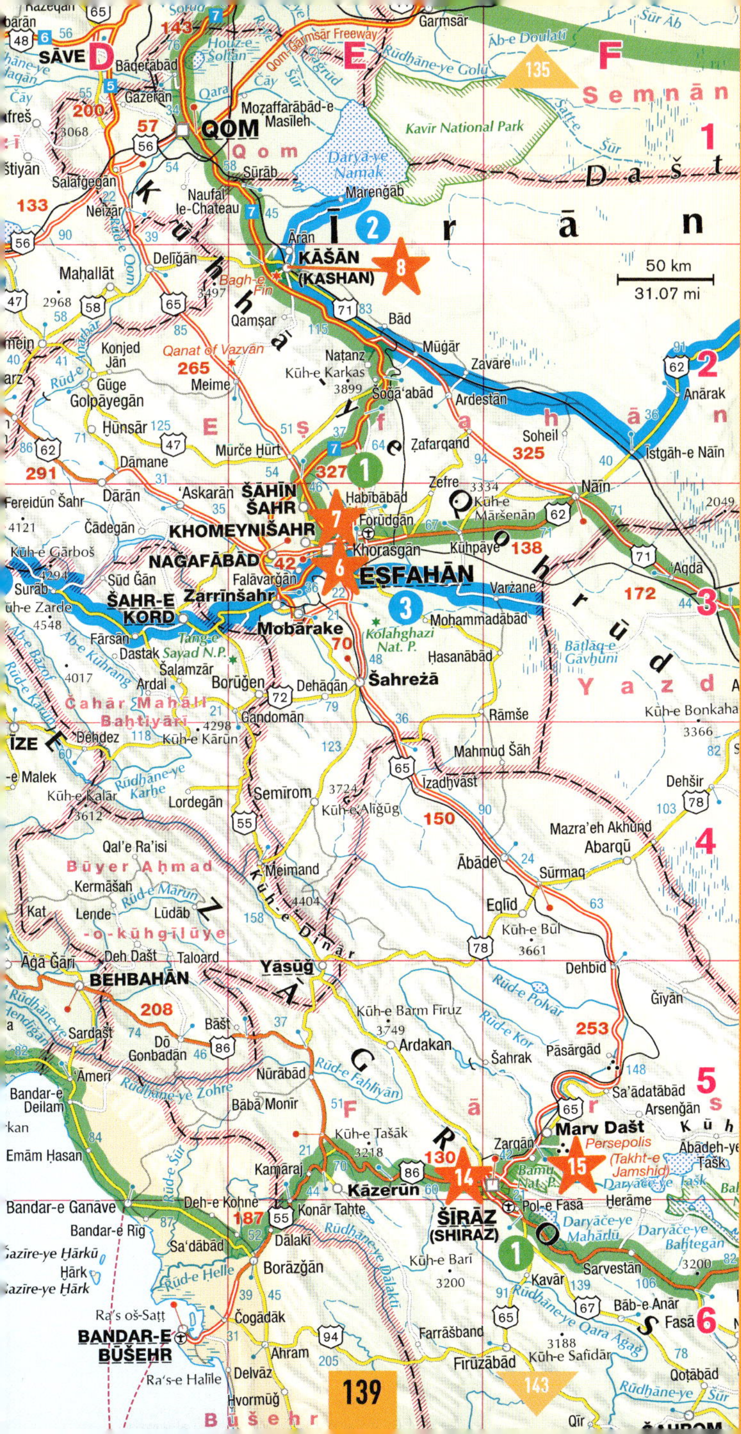

Qom-Garmsār Freeway
Garmsār
Āb-e Doulatī
135
Semnān
Kavir National Park
SĀVE
Bāqerābād
Gazerān
QOM
Qom
Mozaffarābād-e Masīleh
Daryā-ye Namak
Sūrāb
Marenğāb
Dašt
Salafgegān
Neizār
Naufal le-Chateau
Īrān
Ārān
KĀŠĀN (KASHAN)
Bagh-e Fin
50 km
31.07 mi
Delīğān
Mahallāt
Kūhhā-ye
Qamsar
Bād
Mūğār
Konjed Jān
Qanat of Vazvān
Naṭanz
Kūh-e Karkas
3899
Zavāre
Anārak
Meime
Šoğā'abād
Ardestān
Gūge
Golpāyegān
Hūnsār
Esfahān
Soheil
Istgāh-e Nāīn
Murče Hūrt
Zafarqand
Dāmane
ŠĀHĪN ŠAHR
Habībābād
Zefre
Kūh-e Māršenān
Nāīn
Fereidūn Šahr
Dārān
'Askarān
Forūdgān
Cādegān
KHOMEYNIŠAHR
Khorasgān
Kūhpāye
Qohrūd
Kūh-e Gārboš
NAĞAFĀBĀD
Sūd Ğān
Falāvarğān
EŞFAHĀN
Varzane
'Aqda
Surāb
ŠAHR-E KORD
Zarrīnšahr
Mohammadābād
Fārsān
Mobārake
Kolahghazi Nat. P.
Hasanābād
Bātlāq-e Gavhūnī
Dastak
Tang-e Sayad N.P.
Šalamzār
Ardal
Borūğen
Dehāqān
Šahreżā
Yazd
Kūh-e Bonkaha
Čahār Mahāll Bahtiyārī
Gandomān
Rāmše
Dehdez
Kūh-e Kārūn
Mahmud Šāh
Īzadhvāst
Rūdhāne-ye Karhe
Kūh-e Kalār
Lordegān
Semīrom
Kūh-e Alīğūg
Dehšīr
Qal'e Ra'īsī
Mazra'eh Akhund
Abarqū
Būyer Ahmad
Kermāšah
Meimand
Ābāde
Sūrmaq
Rūd-e Mārūn
Kat
Lende
Lūdāb
Eqlīd
Kūh-e Būl
-o-kūhgīlūye
Kūh-e Dīnār
Deh Dašt
Taloard
Āğā Ğārī
Yāsūğ
BEHBAHĀN
Dehbīd
Gīyān
Rūd-e Polvār
Kūh-e Barm Firuz
Rūd-e Kor
Sardašt
Bāšt
Ardakān
Šahrak
Pāsārgād
Dō Gonbadān
Āmerī
Nūrābād
Rūd-e Fahlīyān
Sa'ādatābād
Bandar-e Deilam
Rūdhāne-ye Zohre
Bābā Monīr
Arsenğān
Marv Dašt
Kūh-e Tašāk
Zarqān
Persepolis (Takht-e Jamshid)
Ābādeh-ye Tašk
Emām Hasan
Kamāraj
Bamu Nat. P.
Daryāče-ye Tašk
Kāzerūn
Bandar-e Ganāve
Deh-e Kohne
Konār Tahte
ŠĪRĀZ (SHIRAZ)
Pol-e Fasā
Herāme
Bandar-e Rīg
Daryāče-ye Mahārlū
Daryāče-ye Bahtegān
Sa'dābād
Dālakī
Jazīre-ye Hārkū
Hārk
Jazīre-ye Hārk
Borāzğān
Rūd-e Helle
Rūdhāne-ye Dālakī
Kūh-e Barī
Sarvestān
Kavār
Rūdhāne-ye Qara Āğāğ
Bāb-e Anār
Ra's oš-Šatt
Čogādak
Fasā
BANDAR-E BŪŠEHR
Ahram
Farrāšband
Kūh-e Safīdār
Firūzābād
Ra's-e Halīle
Delvāz
143
Qotābād
Rūdhāne-ye Šūr
Hvormūğ
Būšehr
Qīr

Dašt-e Kavīr
Īrān
Semnān
Yazd
Kerman
Qohrūd
Kūh-e Sorh
Kūhhā-ye Kūhpāyeh
Kūh-e Kum
50 km
31.07 mi
Mo'allemān
Ğandaq
Hūr
Čūpānān
Anārak
Istgāh-e Nāin
Kavīr-e Siyāh Kūh
Bayāžiye
Robāṭ-e Pošt Badām
Zarrīn
Sāğand
Ardakān
Meibod
'Aqdā
Angīre
Harānaq
Kūh-e Harānaq
3197
Aškazar
YAZD
Taft
Mohammadābād
Kūh-e Bonkahar
3366
Sīr Kūh
4074
Mehrīz
Dehšīr
Nīr
Kermānšāhan
Mazra'eh Akhund
Kavīr-e Abarqū
Karavānsarāy-ye Šams
'Abbāsābād
Anār
Bayaẓ
Deheğ
Kūh-e Madvār
3600
Ğouzam
Kūh-e Masāhim
3472
Maymand
Marvast
Harāvāgān
Harāt
Šahr-e Bābak
Hatūnābād
Pārīz
Zeidābād
Kavīr-e Namak-e Sīrğān
SĪRĞĀN (SIRJAN)
Balvard
Mošgān
Besne
3176
Neirīz
Qaṭrūye
Estahbānāt
Noubandegān
Zāhedān
Dārāb
Ābādeh-ye Tašk
Baḥtegān Nat. P.
Godār-e Kalmard
(1366)
Robāṭ-e Hān
Ṭabas
Kūh-e Mūrqū
2845
Ešqābād
Kāl-e Šūr
1615
Boš
Kavīr-e Darre Angīr
Rūdḫāne-ye Sefidān
Behābād
Bāfq
Kūbonān
3658
Pabedanā
Rūdḫāne-ye Šūr
Zarand
Sādeqābād
Darband
Kūh-e Darband
2438
Rāvar
Kūh-e Nāyband
2992
Čarrūd
RAFSANĞĀN (RAFSANJAN)
KERMĀN
Kabutarhan
Bāgein
Rūd-e Lālezār
Goupār
Māhān
Bagh-e Shahzadeh
Bardsīr
Negār
Kūh-e Lālezār
4374
Kūh-e Hezār
4420
Rābor
Bāft
Darmazār
Rūdḫāne-ye Zār Dašt
'Alīābād
Halīl Rūd
Sadd-e Halīl R.
Kuh-e Habr Nat. Park
'Alīābād
Orzūīye
Sabzvā
2049
A B C D 1 2 3 4 5 6
136
144

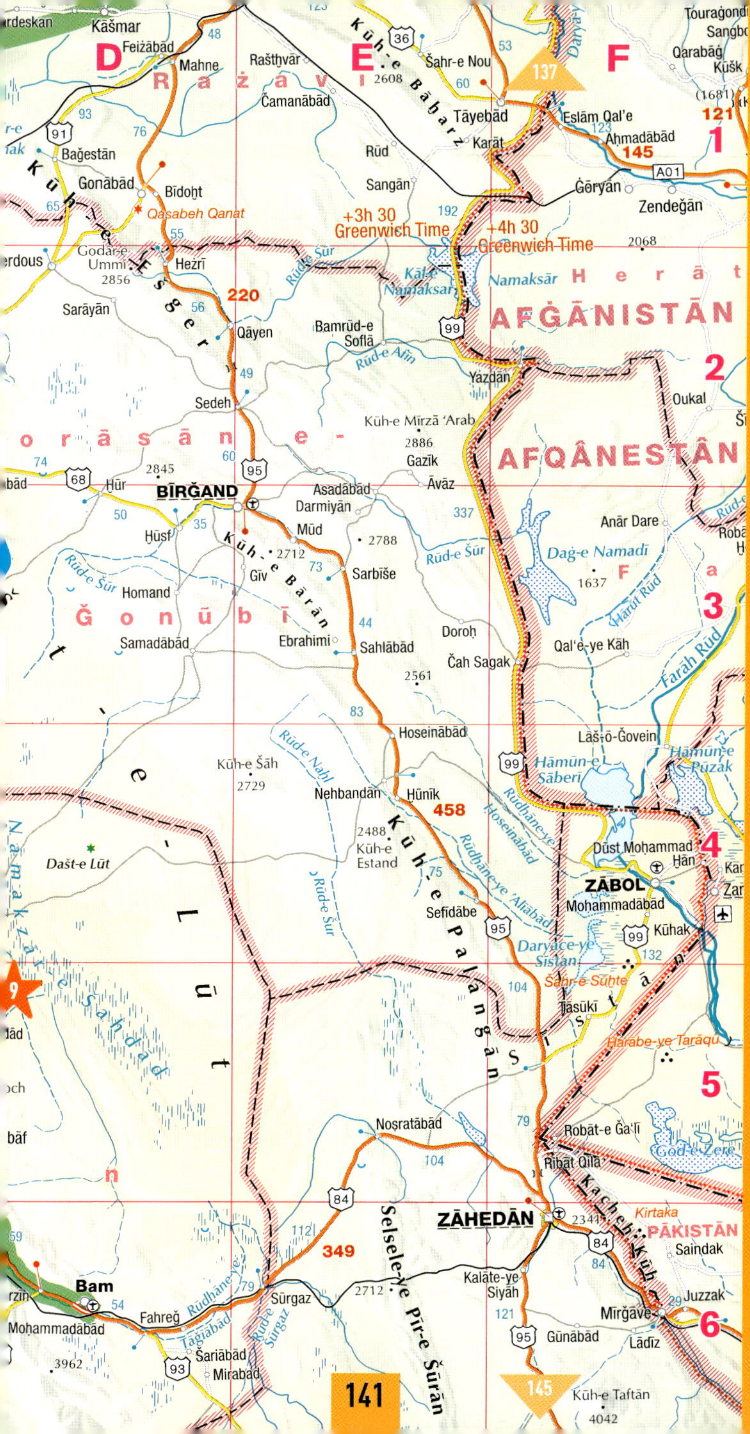
D
E
F
1
2
3
4
5
6
Kāšmar
Feiżābād
Mahne
Rašthvār
Kūh-e Bāḫarz
Šahr-e Nou
2608
Čamanābād
Tāyebād
Karāt
Touraġondi
Sangbor
Qarabāġ
Kušk
Eslām Qal'e
Aḥmadābād
Rażavī
Bağestān
Gonābād
Bīdoḫt
Qasabeh Qanat
Rūd
Sangān
Ġoryān
Zendeğān
+3h 30 Greenwich Time
+4h 30 Greenwich Time
Kūh-e Esger
Godar-e Ummī
2856
Hezrī
Rūd-e Šūr
Kāl-e Namaksār
Namaksār
Herāt
2068
AFĠĀNISTĀN
AFQÂNESTÂN
Sarāyān
Qāyen
Bamrūd-e Soflā
Rūd-e Afīn
Yazdān
Oukal
Sedeh
Kūh-e Mīrzā 'Arab
2886
Gazīk
Āvāz
Ḫorāsān-e-Ğonūbī
2845
Ḫūr
BĪRĞAND
Asadābād
Darmiyān
Ḫusf
Kūh-e Bārān
2712
Mūd
2788
Rūd-e Šūr
Anār Dare
Dağ-e Namadī
1637
Farāh
Harūt Rūd
Homand
Gīv
Sarbīše
Samadābād
Ebrahimi
Sahlābād
Doroḥ
Čah Sagak
2561
Qal'e-ye Kāh
Farāh Rūd
Hoseinābād
Lāš-ō-Ğovein
Hāmūn-e Sāberī
Hāmūn-e Pūzak
Kūh-e Šāh
2729
Rūd-e Nahl
Nehbandān
Hūnīk
Rūdhāne-ye Hoseinābād
Rūdhāne-ye 'Alīābād
Dūst Moḥammad Hān
ZĀBOL
Moḥammadābād
Kūhak
Dašt-e Lūt
2488
Kūh-e Estand
Rūd-e Šūr
Kūh-e Palangān
Sefīdābe
Daryāče-ye Sīstān
Šahr-e Sūhte
Sīstān
Tāsūkī
Harābe-ye Tarāqu
Namakzār-e Šahdād
Robāt-e Ğa'lī
God-e Zere
Ribāt Qila
Nosratābād
Kachch Kūh
Kirtaka
PĀKISTĀN
Saindak
ZĀHEDĀN
2344
Selsele-ye Pīr-e Šūrān
Kalāte-ye Siyāh
Juzzak
Mīrğāve
Ladīz
Gūnābād
Bam
Fahreğ
Rūdhāne-ye Tağiābād
Rūd-e Sūrgaz
Sūrgaz
2712
Moḥammadābād
3962
Šariābād
Mirabād
Kūh-e Taftān
4042

Arvand Kenār
al-Fāw
al-Qišla
Ḫaur - Abdallāh
Hendīgān
Baghel Boland
Bandar-e Deilam
Ra's-e Barkan
Emām Ḥasan
138
Āmerī
Gonbadan
Ardakān
Nūrābād
Rūdḫāne-ye Zohre
Rūd-e Fahliyān
Bābā Monīr
Kūh-e Tašāk
3218
Kamaraj
Kāzerūn
86
130
Bandar-e Ganāve
Rūd-e Šūr
Deh-e Kohne
187
55
Konār Tahte
Bandar-e Rīg
Sa'dābād
Dālakī
Rūdḫāne-ye Dālakī
Ğazīre-ye Ḫārkū
Ḫārk
Ğazīre-ye Ḫārk
Rūd-e Helle
Borāzǧān
+3h Gr.Time
+3h30 Gr.Time
Ğazīrat Failaka
Fuḥaihīl
Mīnā' 'Abdallāh
Ra's oš-Šaṭṭ
BANDAR-E BŪŠEHR
Čoġādak
94
Farrāš
Ahram
Rūd-e Dašt-e Palang
Delvār
Kūh-e Siyāh
2009
Ra's-e Halīle
Ḫvormūǧ
Būšehr
Mīnā' Su'ūd
Ra's az-Zaur
al-Khiran
al-Nuwaisib
Ra's al-Ḫafǧī
50 km
31.07 mi
257
Kākī
Rūd-e Mand
Kūh-e Namak
Persian Gulf
Bord Hūn-e Nou
Ābdān
Velāyat
Dōrāhāk
Kang
Ğazīre-ye Ğabrīn
Deyyer
96
Bandar-e Ṭāhe
aš-Šafallaḥīya
95
Harqūs
Fārsī (Īrān)
Karān
Kurayn
Al-Arabīyeh
an-Nu'airīya
Ra's az-Zaur
Ğaz. Abū 'Alī
Ğaz. al-Bāṭina
'Utayyiq
al-Ḥasā'
al-Ğubail
144
Ra's Tannūra
Jazira Tarut
Qudaiḥ
Dārīn
Fašt al-Ğārim
DMM
al-Qaṭīf
AD-DAMMĀM
AL-ḪUBAR
al-Muharraq
AL-MANĀMA
AZ-ẒAHRĀN (DHAHRAN)
Ğisr al-Bahrain
Ḥanīḍ
Ğ. as-Sahamī
Umm Na'sān
Awālī
Ra's Rakan
ar-Ruwais
'Ain Dār
Al Zubārah
AL-BAHRAIN
Abqaiq
Ğūda
Duġaimīya
40
10
410
Ğaz. Ḥawār
al-Jamīliyah
al-Ḥaur
al-'Uqair
Uyūn
Umran
Mubarraz
al-Ğišā
at-Taraf
AL-HUFŪF
85
al-Ğafūra
81
Duḫān
ar-Rayyān
AD-DAUḤA (DOHA)
66
Musai'īd (Umm Sa'īd)
QAṬAR
AL-'ARABĪYA
AS-SA'ŪDĪYA
al-Ğawār
as-Salwā
Dawhat Salwā
al-Qaffāy
al-'Udaid
Ra's Mušairib
al-Yāsāt
Guwaifāt
Ḥaraḍ
Eastern Province
Sabḫat Maṭṭī
1
2
3
4
5
6
A
B
C
F
G

Šahrak
Pasargad
Sa'ādatābād
Arsenğān
Marv Dašt
Zarqān
Persepolis (Takht-e Jamshid)
Bamu Nat. P.
Kūh-e Kum
Ābādeh-ye Tašk
Daryāče-ye Tašk
Bahtegān Nat. P.
Herāme
Pol-e Fasā
Daryāče-ye Mahārlū
Daryāče-ye Bahtegān
Kavār
Sarvestān
Neirīz
Estahbānāt
Bāb-e Anār
Fasā
Noubandegān
Zāhedān
Qotābād
Rūdhāne-ye Qara Āġāğ
Kūh-e Safīdār
Rūdhāne-ye Šūr
Qīr
ĞAHROM
Ğūyom
Dārāb
Deh Heir
Fūrg
Rūdhāne-ye 'Aks-e Rost
Hong
Malake
Evaz
Lār
Geraš
Hormūd
Kūh-e Hormoz
Kūh-e Gāvbast
Lāmard
Gāvbandī
Rūd-e Mehrān
Bastak
Rūd-e Goudar
Kūh-e Puhal-e Hamīr
Bandar-e Hamīr
Rūdhāne-ye Mehrān
Bandar-e Moqām
Lāze
Rostāq
Dežgān
Ğaz. Lāvān
Hendorābī
Ğaz. Hendorābī
Bandar-e Čarak
Kīš
Ğaz. Kīš
Bandar-e Moġūye
Ra's-e Šenās
Bandar-e Kong
Bandar-e Lenge
Bāsa'īdū
Gurān
Ğaz. Hengām
Ğaz. Forūr
Ğaz. Tonb-e Kuček
Ğaz. Tonb-e Borzog
Ğaz. Abū Mūsā
Ğaz. Sirrī
Harāt
Šahr-e Bābak
Hatūnābād
Maymand
Pārīz
Kerman
Zeidābād
Kavīr-e Namak-e Sīrğān
SIRĞĀN (SIRJAN)
Mošgān
Besne
Qatrūye
Balvard
Rūdhāne-ye Zar Dašt
'Alīābād
Kuh-e Habr Nat. Park
'Alīābād
Ebrāhīmābād
Orzūiye
Haǧǧīābād
Gahkom
Sa'adatābād
Kūh-e Bahūn
Seyāhī
Fīn
Hormozgān
Rūd-e Kul
Anguran
BANDAR-E 'ABBĀS
Qešm
Lāft-e Nou
Ramkan
Sūza
Ğaz. Qešm
Tange-ye Hormoz
Ra's Mus
al-Hasab
Buhā
'UMĀN
aš-Ša'm
Ru'us al-Ğibāl
Rams
RA'S AL-HAIMA
Diqdaqa
Dibbā
Umm al-Qaiwain
AŠ-ŠĀRIQA (SHARJAH)
'AĞMĀN
Manāma
an-Nahwa
DUBAYY (DUBAI)
Deira
Ğumaira
ad-Daid
Ğ. Muwaiha
al-Fuğaira
Mina Jebel Ali
al-Haba
Ğuwaiza
al-Samha
al-Faq'
Abjan
Suwaihān
'UMĀN
Mahda
ABŪ ZABĪ (ABU DHABI)
Sa'diyat
Umm an-Nār
ad-Dubai'a
al-Hātim
as-Salābīh
Ğubr
Hilī
al-Buraimī
AL-'AIN
Bū Lifiyat
Abu l-Abyad
Tarif
Marawih
Ğanāna
al-Marfa'
Ru'ais
az-Zanna
Banī Yās
Arzana
az-Zarqā'
Dās
Sīr Abu Nu'air
Hūran
Pearl Bank
Habšān
Ğiyatī
Umm al-Aštān
aynūna
AL-IMĀRĀT AL-'ARABĪYA AL-MUTTAHIDA (UNITED ARAB EMIRATES)
al-Fath
al-Qua'a

A
B
C
1
2
3
4
5
6
140
Hatūnābād
82
Bāgein
Lālezār
Rūd-e
Sirač
Mahān
Kūh-e Segoch
3993
Čoupār
Bardsīr
Bagh-e Shahzadeh
Golbāf
Negār
Pārīz
86
183
176
84
91
Zeidābād
Kermān
Rāyin
Kūh-e Hezār
4420
Kūh-e Lālezār
4374
SĪRĞĀN
(SIRJAN)
Balvard
Rūdhāne-ye Zār Dašt
Rābor
88
Darmazār
Bāft
71
Bam
Dārzīn
Fahreğ
Sūr
Rūdhāne-ye
Rūd-e Sūrgaz
Tāğiābād
Mohammadābād
Sadd-e Halīl Rūd
Halīl Rūd
ʿAlīābād
Kūh-e Ğebal Bārez
3962
Šariābād
93
Mirabad
315
Alīābād
Kuh-e Habr Nat. Park
Sabzvārān
Orzūiye
Ebrāhīmābād
Doulatābād
Haǧǧiābād
Gahkom
Sa'adatābād
Bahādorābād
Gārnow
Kūh-e Gīrān Rīg
2548
Bīžanābād
Kahnūğ
Kūh-e Bahūn
3280
Seyāhū
Hasan Langī
Rūdhāne-ye
Fīn
Bārgā
Sīstān
92
396
Hormozgān
Zar
Halīl Rūd
Hāmūn-e Ğaz Mūriān
Dal
Rūd-e Kul
94
Dehbārez
Manūğān
Anguran
Šaqū
BANDAR-E ʿABBĀS
Mīnāb
Tiyāb
Čāh Zardār
Rūd-e Ba
Qešm
Ğaz. Hormoz
Lāft-e Nou
Ramkan
Ğaz. Lārak
Sūza
Ğaz. Qešm
Gurān
Ğaz. Hengām
Kūhhā-ye Bašāker
2073
Remešk
2168
Kūh-e Hūrān
Angohrān
Tange-ye Hormoz
Ra's Musandam
Kumzār
Sīrīk
Mehmani
Dāvari
al-Hasab
Buhā
ʿUMĀN
aš-Ša'm
2499
Sal Ala
RA'S AL-HAIMA
Rams
Ru'us al-Ğibāl
Līma
Ben
1722
Kūh-e Mehe
Rūd-e Gabrik
Rūdhāne-ye Sedīč
Rūd-e Ğağīn
Kūh Mobārak
Diqdāqa
Dibbā al-Bay'a
Dibbā al-Hisn
ar-Raul
59
99
71
an-Nahwa
Haur Fakkān
(Khor Fakkan)
Manāma
ad-Daid
Madhā'
al-Fuğaira
Kalbā
G. Muwaiha
05
23
Šinās
+4h Gr.Time
+3h30 Gr.Time
Halīğ-e Ğāsk
Ğāsk
Sedič
Kartī
Kala
Ra's-e Meidānī
98
ʿUMĀN
48
al-Liwā'
SUHĀR
Mahda
Hilī
al-Buraimī
AL-ʿAIN
95
1166
Šahm
Bātina
al-Hābūra
01
245
ad-Daimānīyāt
Gulf o
3694
al-Fath
al-Masā'iqa
Sadam
Barkā'
AS-SĪB
MASQAT
MATRAH
Wādī l-Ulyā
Yanqul
Dank
21

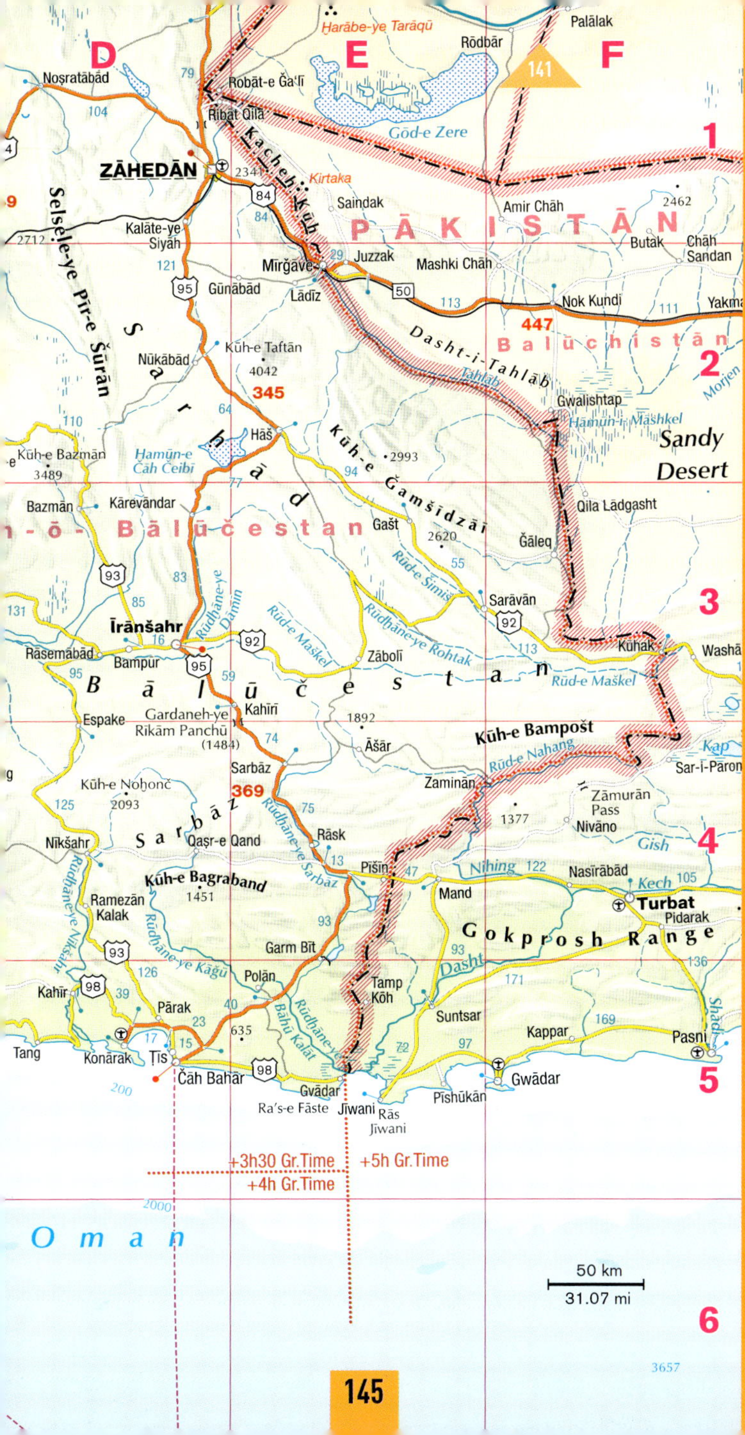
D
E
F
1
2
3
4
5
6
141
Ḥarābe-ye Tarāqū
Palālak
Rōdbār
Nosratābād
Robāt-e Ğa'lī
Ribat Qila
Gōd-e Zere
ZĀHEDĀN
2341
Kacheh Kūh
Kirtaka
Saindak
PĀKISTĀN
Amir Chāh
2462
Butak
Chāh Sandan
Selsele-ye Pīr-e Šūrān
Kalāte-ye Siyāh
2712
Mīrğāve
Juzzak
Mashki Chāh
Gūnābād
Lādīz
Nok Kundi
Yakmach
447
Balūchistān
Dasht-i-Tahlab
Tahlab
Kūh-e Taftān
4042
Nūkābād
345
Sarhād
Gwalishtap
Hāmūn-i-Māshkel
Sandy Desert
Morjen
Kūh-e Bazmān
3489
Hamūn-e Čāh Čeibī
Hāš
Kūh-e Ğamšīdzāī
2993
Qila Lādgasht
Bazmān
Kārevāndar
Gašt
2620
Čāleq
Sīstān-ō-Bālūčestan
Rūd-e Simīs
Sarāvān
Rūdhāne-ye Dāmin
Rūd-e Maškel
Rūdhāne-ye Rohtak
Īrānšahr
Rāsemābād
Bampūr
Zābolī
Kūhak
Washāp
Bālūčestan
Rūd-e Maškel
Espake
Gardaneh-ye Rīkām Panchū
(1484)
Kahīrī
1892
Āšār
Kūh-e Bampošt
Kap
Sarbāz
369
Rūd-e Nahang
Sar-i-Paron
Zaminān
Zāmurān Pass
Kūh-e Nohonč
2093
1377
Nivāno
Sarbāz
Rāsk
Gish
Nīkšahr
Qasr-e Qand
Rūdhāne-ye Sarbāz
Pīšīn
Nihing
Nasīrābād
Kech
Turbat
Kūh-e Bagraband
1451
Mand
Pidarak
Ramezān Kalak
Gokprosh Range
Rūdhāne-ye Nīkšahr
Rūdhāne-ye Kāğū
Garm Bīt
Dasht
Polān
Tamp Kōh
Kahīr
Pārak
Bāhū Kalāt
Rūdhāne-ye
Suntsar
Shadi
Kappar
Pasni
635
Tang
Konārak
Ţīs
Čāh Bahār
Gvādar
Gwādar
Pīshūkān
Ra's-e Fāste
Jīwani
Rās Jīwani
+3h30 Gr.Time
+5h Gr.Time
+4h Gr.Time
Oman
50 km
31.07 mi
3657
2000
200

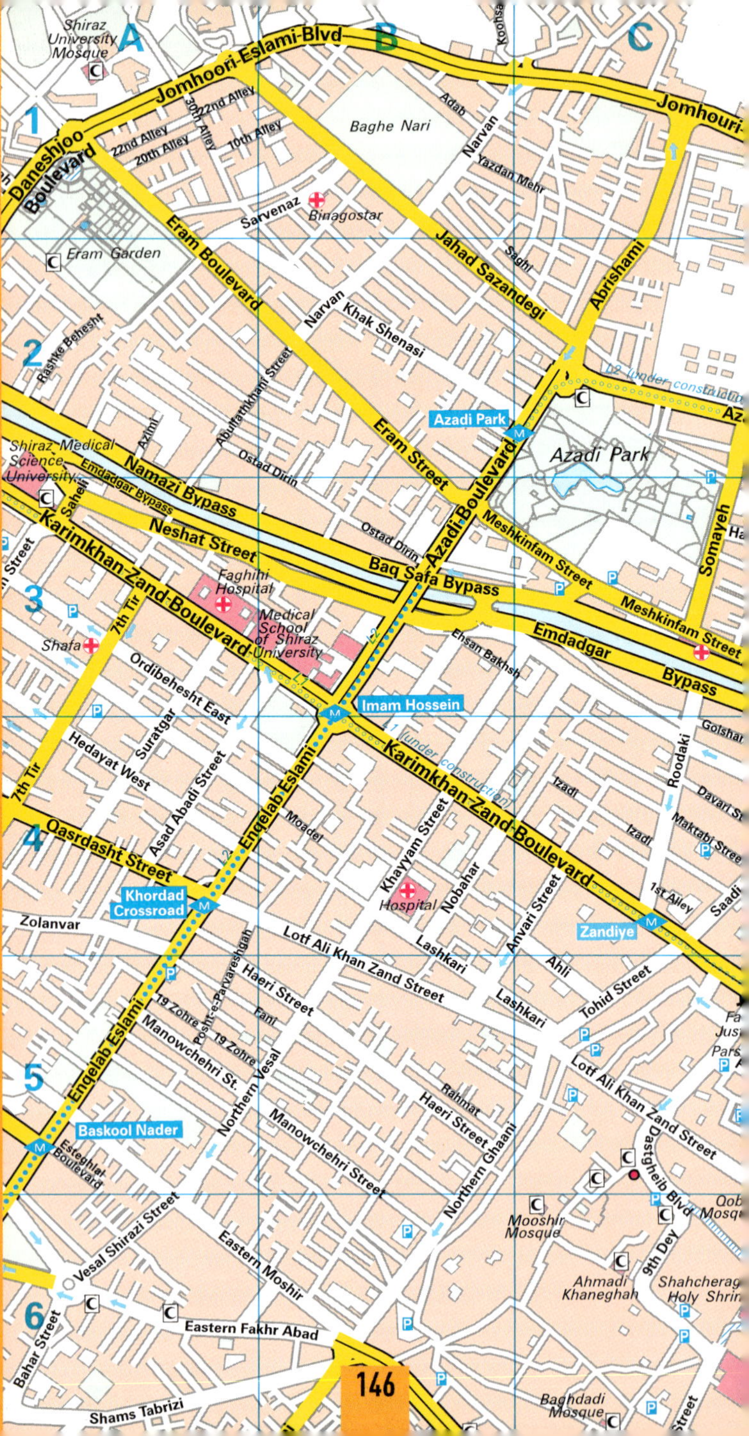
A
B
C
1
2
3
4
5
6
Shiraz University Mosque
Jomhoori-Eslami-Blvd
Jomhouri-
Koohsar
Daneshjoo Boulevard
22nd Alley
20th Alley
30th Alley
22nd Alley
10th Alley
Baghe Nari
Adab
Narvan
Yazdan Mehr
Sarvenaz
Binagostar
Eram Garden
Eram Boulevard
Jahad Sazandegi
Saghi
Abrishami
Narvan
Khak Shenasi
Rashke Behesht
Abulfathkhani Street
Azadi Park
Azadi Park
L2 (under construction)
Azadi Boulevard
Eram Street
Azlini
Ostad Dirin
Ostad Dirin
Shiraz Medical Science University
Emdadgar Bypass
Namazi Bypass
Saheli
Neshat Street
Meshkinfam Street
Meshkinfam Street
Somayeh
Karimkhan-Zand-Boulevard
Baq Safa Bypass
Faghihi Hospital
Medical School of Shiraz University
Emdadgar Bypass
7th Tir
Shafa
Ehsan Bakhsh
L2
L1
Ordibehesht East
Imam Hossein
Golshan
Hedayat West
Suratgar
Asad Abadi Street
Engelab Eslami
L1 (under construction)
Karimkhan-Zand-Boulevard
Roodaki
Izadi
Izadi
Davari St
Maktabi Street
7th Tir
Moadel
Khayyam Street
Qasrdasht Street
Hospital
Nobahar
Anvari Street
1st Alley
Saadi
Khordad Crossroad
Zandiye
Zolanvar
Poshte-Parvareshgah
Lotf Ali Khan Zand Street
Lashkari
Ahli
Tohid Street
Haeri Street
Lashkari
19 Zohre
19 Zohre
Fani
Manowchehri St.
Engelab Eslami
Northern Vesal
Lotf Ali Khan Zand Street
Rahmat
Haeri Street
Baskool Nader
Manowchehri Street
Northern Ghaani
Esteghlal Boulevard
Dastgheib Blvd
Mooshir Mosque
Qoba Mosque
Vesal Shirazi Street
Eastern Moshir
9th Dey
Ahmadi Khaneghah
Shahcheragh Holy Shrine
Bahar Street
Eastern Fakhr Abad
Shams Tabrizi
Baghdadi Mosque
Street

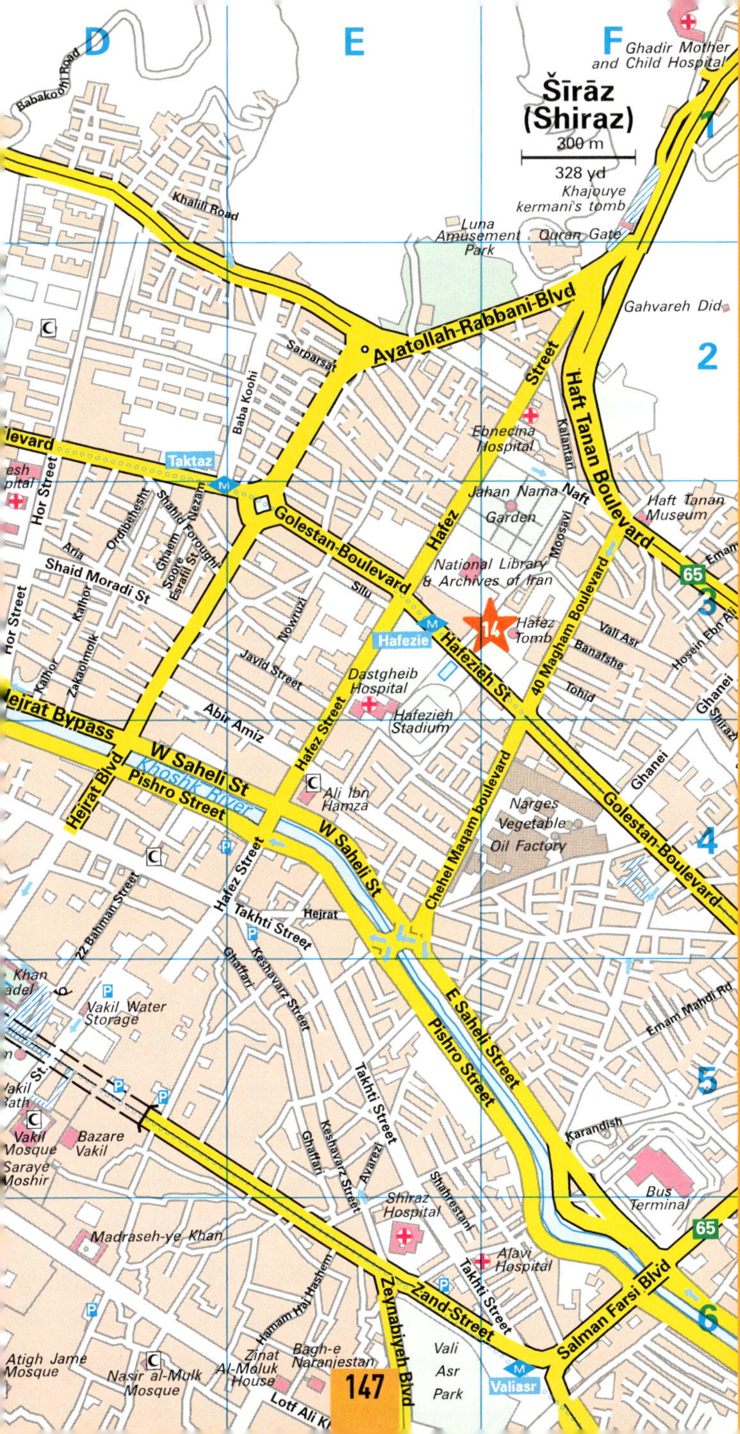
Šīrāz
(Shiraz)
300 m
328 yd
D
E
F
1
2
3
4
5
6
Ghadir Mother and Child Hospital
Babakooh Road
Khalili Road
Khajouye kermani's tomb
Luna Amusement Park
Quran Gate
Ayatollah-Rabbani-Blvd
Gahvareh Did
Sarparsat
Baba Koohi
Street
Haft Tanan Boulevard
Kalantari
Ebnecina Hospital
Taktaz
Hor Street
Shahid Foroughi
Nezam
Ordibehesht
Ghaem
Soore
Esrafil St
Aria
Shaid Moradi St
Kalhor
Zakaolmolk
Golestan-Boulevard
Hafez
Jahan Nama Garden
Naft
Moosavi
Haft Tanan Museum
Emam
65
National Library & Archives of Iran
Silu
Nowruzi
Javid Street
Hafezie
Hafez Tomb
14
40 Magham Boulevard
Vali Asr
Banafshe
Tohid
Hosein Ebn Ali
Ghanei
Shiraz
Dastgheib Hospital
Hafezieh St
Hafezieh Stadium
Abir Amiz
Hafez Street
Hejrat Bypass
W Saheli St
Hejrat Blvd
Khoshk River
Pishro Street
Ali Ibn Hamza
Chehel Maqam boulevard
Narges Vegetable Oil Factory
Golestan-Boulevard
W Saheli St
Hafez Street
Takhti Street
Hejrat
22 Bahman Street
Ghaffari
Keshavarz Street
E Saheli Street
Pishro Street
Emam Mahdi Rd
Khan
Vakil Water Storage
St.
Vakil Bath
Vakil Mosque
Bazare Vakil
Saraye Moshir
Takhti Street
Keshavarz Street
Ghaffari
Avarezi
Shahrestani
Karandish
Bus Terminal
Shiraz Hospital
Alavi Hospital
Madraseh-ye Khan
Hamam Haj Hashem
Zeynabiyeh Blvd
Zand-Street
Takhti Street
Salman Farsi Blvd
Vali Asr Park
Valiasr
Atigh Jame Mosque
Nasir al-Mulk Mosque
Zinat Al-Moluk House
Bagh-e Naranjestan
Lotf Ali K

KARTENLEGENDE

Autobahn, mehrspurige Straße - in Bau Highway, multilane divided road - under construction		Autoroute, route à plusieurs voies - en construction Autosnelweg, weg met meer rijstroken - in aanleg
Fernverkehrsstraße - in Bau Trunk road - under construction		Route à grande circulation - en construction Weg voor interlokaal verkeer - in aanleg
Hauptstraße Principal highway		Route principale Hoofdweg
Nebenstraße Secondary road		Route secondaire Overige verharde wegen
Fahrweg, Piste Practicable road, track		Chemin carrossable, piste Weg, piste
Straßennummerierung Road numbering	E20 11 70 26 5 40 9	Numérotage des routes Wegnummering
Entfernungen in Kilometer Distances in kilometers	259 130 129	Distances en kilomètres Afstand in kilometers
Höhe in Meter - Pass Height in meters - Pass	1365	Altitude en mètres - Col Hoogte in meters - Pas
Eisenbahn - Eisenbahnfähre Railway - Railway ferry		Chemin de fer - Ferry-boat Spoorweg - Spoorpont
Autofähre - Schifffahrtslinie Car ferry - Shipping route		Bac autos - Ligne maritime Autoveer - Scheepvaartlijn
Wichtiger internationaler Flughafen - Flughafen Major international airport - Airport		Aéroport importante international - Aéroport Belangrijke internationale luchthaven - Luchthaven
Internationale Grenze - Provinzgrenze International boundary - Province boundary		Frontière internationale - Limite de Province Internationale grens - Provinciale grens
Unbestimmte Grenze Undefined boundary		Frontière d'Etat non définie Rijksgrens onbepaalt
Zeitzonengrenze Time zone boundary	-4h Greenwich Time -3h Greenwich Time	Limite de fuseau horaire Tijdzone-grens
Hauptstadt eines souveränen Staates National capital	MANILA	Capitale nationale Hoofdstad van een souvereine staat
Hauptstadt eines Bundesstaates Federal capital	Kuching	Capitale d'un état fédéral Hoofdstad van een deelstat
Sperrgebiet Restricted area		Zone interdite Verboden gebied
Nationalpark National park		Parc national Nationaal park
Antikes Baudenkmal Ancient monument		Monument antiques Antiek monument
Sehenswertes Kulturdenkmal Interesting cultural monument	Angkor Wat	Monument culturel interéssant Bezienswaardig cultuurmonument
Sehenswertes Naturdenkmal Interesting natural monument	Ha Long Bay	Monument naturel interéssant Bezienswaardig natuurmonument
Brunnen Well		Puits Bron
MARCO POLO Erlebnistour 1 MARCO POLO Discovery Tour 1		MARCO POLO Tour d'aventure 1 MARCO POLO Avontuurlijke Routes 1
MARCO POLO Erlebnistouren MARCO POLO Discovery Tours		MARCO POLO Tours d'aventure MARCO POLO Avontuurlijke Routes
MARCO POLO Highlight	1	MARCO POLO Highlight

FÜR IHRE NÄCHSTE REISE ...

ALLE **MARCO POLO** REISEFÜHRER

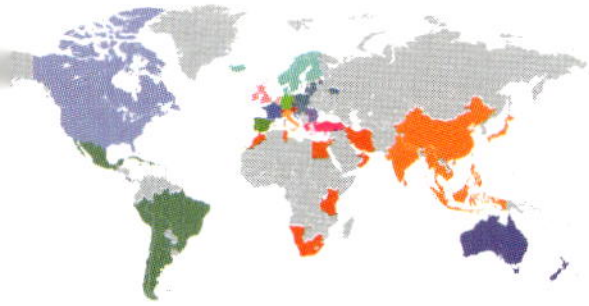

DEUTSCHLAND
Allgäu
Bayerischer Wald
Berlin
Bodensee
Chiemgau/Berchtesgadener Land
Dresden/Sächsische Schweiz
Düsseldorf
Eifel
Erzgebirge/Vogtland
Föhr & Amrum
Franken
Frankfurt
Hamburg
Harz
Heidelberg
Köln
Lausitz/Spreewald/Zittauer Gebirge
Leipzig
Lüneburger Heide/Wendland
Mecklenburgische Seenplatte
Mosel
München
Nordseeküste Schleswig-Holstein
Oberbayern
Ostfriesische Inseln
Ostfriesland/Nordseeküste Niedersachsen/Helgoland
Ostseeküste Mecklenburg-Vorpommern
Ostseeküste Schleswig-Holstein
Pfalz
Potsdam
Rheingau/Wiesbaden
Rügen/Hiddensee/Stralsund
Ruhrgebiet
Schwarzwald
Stuttgart
Sylt
Thüringen
Usedom
Weimar

ÖSTERREICH SCHWEIZ
Kärnten
Österreich
Salzburger Land
Schweiz
Steiermark
Tessin
Tirol
Wien
Zürich

FRANKREICH
Bretagne
Burgund
Côte d'Azur/Monaco
Elsass
Frankreich
Französische Atlantikküste
Korsika
Languedoc-Roussillon
Loire-Tal
Nizza/Antibes/Cannes/Monaco
Normandie
Paris
Provence

ITALIEN MALTA
Apulien
Dolomiten
Elba/Toskanischer Archipel
Emilia-Romagna
Florenz
Gardasee
Golf von Neapel
Ischia
Italien
Italienische Adria
Italien Nord
Italien Süd
Kalabrien
Ligurien/Cinque Terre
Mailand/Lombardei
Malta & Gozo
Oberital. Seen
Piemont/Turin
Rom
Sardinien
Sizilien/Liparische Inseln
Südtirol
Toskana
Venedig
Venetien & Friaul

SPANIEN PORTUGAL
Algarve
Andalusien
Azoren
Barcelona
Baskenland/Bilbao
Costa Blanca
Costa Brava
Costa del Sol/Granada
Fuerteventura
Gran Canaria
Ibiza/Formentera
Jakobsweg Spanien
La Gomera/El Hierro
Lanzarote
La Palma
Lissabon
Madeira
Madrid
Mallorca
Menorca
Portugal
Spanien
Teneriffa

NORDEUROPA
Bornholm
Dänemark
Finnland
Island
Kopenhagen
Norwegen
Oslo
Schweden
Stockholm
Südschweden

WESTEUROPA BENELUX
Amsterdam
Brüssel
Cornwall & Devon
Dublin
Edinburgh
England
Flandern
Irland
Kanalinseln
London
Luxemburg
Niederlande
Niederländische Küste
Oxford
Schottland
Südengland

OSTEUROPA
Baltikum
Budapest
Danzig
Krakau
Masurische Seen
Moskau
Plattensee
Polen
Polnische Ostseeküste/Danzig
Prag
Slowakei
St. Petersburg
Tallinn
Tschechien
Ungarn
Warschau

SÜDOSTEUROPA
Bulgarien
Bulgarische Schwarzmeerküste
Kroatische Küste Dalmatien
Kroatische Küste Istrien/Kvarner
Montenegro
Rumänien
Slowenien

GRIECHENLAND TÜRKEI ZYPERN
Athen
Chalkidikí/Thessaloníki
Griechenland Festland
Griechische Inseln/Ägäis
Istanbul
Korfu
Kos
Kreta
Peloponnes
Rhodos
Sámos
Santorin
Türkei
Türkische Südküste
Türkische Westküste
Zákinthos/Itháki/Kefalloniá/Léfkas
Zypern

NORDAMERIKA
Chicago und die Großen Seen
Florida
Hawai'i
Kalifornien
Kanada
Kanada Ost
Kanada West
Las Vegas
Los Angeles
New York
San Francisco
USA
USA Ost
USA Südstaaten/New Orleans
USA Südwest
USA West
Washington D.C.

MITTEL- UND SÜDAMERIKA
Argentinien
Brasilien
Chile
Costa Rica
Dominikanische Republik
Jamaika
Karibik/Große Antillen
Karibik/Kleine Antillen
Kuba
Mexiko
Peru & Bolivien
Yucatán

AFRIKA UND VORDERER ORIENT
Ägypten
Djerba/Südtunesien
Dubai
Iran
Israel
Jordanien
Kapstadt/Wine Lands/Garden Route
Kapverdische Inseln
Kenia
Marokko
Marrakesch
Namibia
Oman
Rotes Meer & Sinai
Südafrika
Tansania/Sansibar
Tunesien
Vereinigte Arabische Emirate

ASIEN
Bali/Lombok/Gilis
Bangkok
China
Hongkong/Macau
Indien
Indien/Der Süden
Japan
Kambodscha
Ko Samui/Ko Phangan
Krabi/Ko Phi Phi/Ko Lanta/Ko Jum
Malaysia
Myanmar
Nepal
Peking
Philippinen
Phuket
Shanghai
Singapur
Sri Lanka
Thailand
Tokio
Vietnam

INDISCHER OZEAN UND PAZIFIK
Australien
Malediven
Mauritius
Neuseeland
Seychellen

Viele MARCO POLO Reiseführer gibt es auch als eBook – und es kommen ständig neue dazu!
Checken Sie das aktuelle Angebot einfach auf: www.marcopolo.de/e-books

REGISTER

Hier finden Sie alle in diesem Reiseführer erwähnten Orte und Ausflugsziele, wichtige Sachbegriffe und Personen. Gefettete Seitenzahlen verweisen auf den Haupteintrag.

SCHREIBEN SIE UNS!

Egal, was Ihnen Tolles im Urlaub begegnet oder Ihnen auf der Seele brennt, lassen Sie es uns wissen! Ob Lob, Kritik oder Ihr ganz persönlicher Tipp – die MARCO POLO Redaktion freut sich auf Ihre Infos.
Wir setzen alles dran, Ihnen möglichst aktuelle Informationen mit auf die Reise zu geben. Dennoch schleichen sich manchmal Fehler ein – trotz gründlicher Recherche unserer Autoren/innen. Sie haben sicherlich Verständnis, dass der Verlag dafür keine Haftung übernehmen kann.

MARCO POLO Redaktion
MAIRDUMONT
Postfach 31 51
73751 Ostfildern
info@marcopolo.de

IMPRESSUM

Titelbild: Isfahan, Lotfollah-Moschee (Look/age fotostock)
Fotos: AWL Images: W. Bibikow (30/31); Getty Images: E. Aljumah (62), Anadolu Agency (47), J. Assarsson (18 M.), W. Bibikow (117), DaniloAndjus (3), J. Edwards (118/119), gilaxia (18 o.), G. Guni (17), JTP Photo (28 r., 88); Getty Images/Art in All of Us: E. Lafforgue (6, 8); Getty Images/Tribaleye Images: J. Marshall (Klappe l., 30); huber-images: Gräfenhain (68, 120 u.), Harscher (4 o., 74/75, 109); Interfoto/Science & Society: B. Tafreshi (18 u.); Laif: N. Hannes (83), T. & B. Morandi (5, 32/33, 48/49, 72, 97, 99); Laif/hemis.fr: W. Bibikow (45), B. Rieger (115); Laif/Keystone Schweiz: E. Real (50, 121); Laif/Le Figaro Magazine: Martin (14/15, 20/21, 71, 116, 119); Laif/robertharding: J. Strachan (132/133); Look/age fotostock (1, 29, 66); mauritius images: J. Fuste Raga (12/13, 53, 54); mauritius images/age fotostock: R. Preston (Klappe r.); mauritius images/Alamy: T. Manley (11), Newzulu (118), S. Reddy (26/27), C. Stradin (40); mauritius images/ANP Photo (114); mauritius images/Axiom Photographic: P. Langer (2); mauritius images/imagebroker: S. Auth (10); mauritius images/robertharding: J. Strachan (116/117); picture-alliance/CPA Media (25); picture-alliance/Parspix abacapress.com: A. Sadeghi (4 u., 31); "Suspended"(19 o.) Courtesy of Aaran Gallery Tehran and Artist Hossein Valamanesh; vario images/imagebroker (76); vario images/TipsImages: Hermes Images (39, 57, 114/115); vario images/Westend61: E. Strigl (86/87); Visum: Andia (43, 104); W. M. Weiss (1 u., 7, 9, 19 u., 23, 28 l., 34, 37, 59, 60, 65, 79, 80, 84, 91, 92, 95, 100/101, 106, 120 o.)

1. Auflage 2018

Chefredaktion: Marion Zorn
Autor: Walter M. Weiss, Redaktion: Leonie Neumann
Verlagsredaktion: Lucas Forst-Gill, Susanne Heimburger, Johanna Jiranek, Nikolai Michaelis, Kristin Wittemann, Tim Wohlbold
Bildredaktion: Anja Schlatterer
Kartografie Reiseatlas: © MAIRDUMONT, Ostfildern; Kartografie Faltkarte: © MAIRDUMONT, Ostfildern
Gestaltung Cover, S. 1, Faltkartencover: Karl Anders – Studio für Brand Profiling, Hamburg; Gestaltung innen: milchhof:atelier, Berlin; Gestaltung S. 2/3, Erlebnistouren: Susan Chaaban Dipl.-Des. (FH)
Sprachführer: in Zusammenarbeit mit Ernst Klett Sprachen GmbH, Stuttgart, Redaktion PONS Wörterbücher

Printed in China

BLOSS NICHT

Je mehr man weiß, desto weniger macht man falsch

IRANISCH MIT ARABISCH VERWECHSELN

Iraner sind ungemein stolz auf ihre Nation und jahrtausendealte, eigenständige Hochkultur. Auf ihre Sprache, Bräuche, Kunst und oft auch auf ihren vorislamischen Glauben. Deshalb bitte: Iran ist kein arabisches Land, Farsi, die Landessprache, nicht Arabisch. Und der Golf, um diesen Streitpunkt auch ein für allemal zu klären, heißt „Persischer" Golf. Das haben schon die Historiografen der alten Griechen festgehalten.

VOR ANDEREN SCHNEUZEN

In Gesellschaft das Taschentuch zu zücken, empfinden Iraner als ausgesprochen rüde. Tut man's beim Essen, verdirbt man ihnen den Appetit. Also: aufstehen und sich diskret entfernen, bevor man losschnaubt! Am besten in einen Nebenraum oder nach draußen.

ÖFFENTLICH FLIRTEN

Trotz fortschreitender Liberalisierung: Sich vor aller Augen einzuhängen, zu umarmen oder gar zu küssen (Wangenküsse zwischen Angehörigen des gleichen Geschlechts ausgenommen), ist nach wie vor verpönt. Auch reichen weiterhin die meisten Frauen Männern in der Öffentlichkeit nicht die Hand.

SCHUHE ANLASSEN

Iraner legen Wert auf höchste Hygiene. Deshalb zieht man bei Privateinladungen am Eingang zur Wohnung unbedingt die Straßenschuhe aus. Ob man dann die bereitstehenden Hausschuhe überstreift oder in Socken über den echten Perser wandelt, bleibt jedem selbst überlassen. Raus aus den Schuhen gilt übrigens auch, bevor man Gebetsräume in Moscheen betritt oder in Restaurants auf einem *Takht* Platz nimmt.

DEN DAUMEN RECKEN

Ein Klassiker des krassen Missverständnisses: Streckt man in Europa dem Gegenüber seinen Daumen entgegen, signalisiert man damit Zustimmung, teilt die Freude über gute Laune oder einen Erfolg. Im Iran meint dieselbe Gebärde das genaue Gegenteil. Im Klartext: den Stinkefinger. Sollten Sie ihn im Affekt doch mal hochhalten, keine Sorge: Einheimische, die schon mit Westlern zu tun hatten, wissen um die konträre Bedeutung und werden nur innerlich milde lächeln, statt sich brüskiert zu fühlen.

ÜBER POLITIK SPRECHEN

Kellner, Taxifahrer, Zufallsbekanntschaften von der Straße – viele sagen gegenüber Ausländern, wenn die Rede auf die politische Lage im Land kommt, frei heraus, was sie denken. Doch wie viel sie auch lamentieren und schimpfen mögen: Iraner sind Nationalisten und hören Kritik an ihrer Heimat von außen ungern. Drum: Wenn es sich nicht um sehr vertraute Freunde – oder freigeistige Reiseleiter – handelt, lieber höflich zuhören und auf Fragen diplomatisch ausweichend antworten.